绿领创客养成记

程淑华　著

ZHEJIANG UNIVERSITY PRESS
浙江大学出版社
·杭州·

图书在版编目（CIP）数据

绿领创客养成记 / 程淑华著. -- 杭州 ： 浙江大学
出版社，2024.1
　　ISBN 978-7-308-24608-8

　　Ⅰ．①绿… Ⅱ．①程… Ⅲ．①创造教育－关系－农村
－社会主义建设－研究－中国 Ⅳ．①G40-012②F320.3

中国国家版本馆CIP数据核字(2024)第000794号

绿领创客养成记

程淑华　著

责任编辑	顾　翔
责任校对	陈　欣
封面设计	周　灵
出版发行	浙江大学出版社
	（杭州市天目山路148号　　邮政编码　310007）
	（网址：http://www.zjupress.com）
排　　版	杭州林智广告有限公司
印　　刷	广东虎彩云印刷有限公司绍兴分公司
开　　本	710mm×1000mm　1/16
印　　张	18.25
字　　数	253千
版 印 次	2024年1月第1版　2024年1月第1次印刷
书　　号	ISBN 978-7-308-24608-8
定　　价	88.00元

● 浙江省 2023 年度高等学校访问工程师校企合作项目"制造业企业智能化转型升级路径研究"课题阶段性研究成果（编号 FG2023097）

● 浙江省高职教育"十四五"教学改革项目"基于产教融合的高职院校创新创业人才培养体系研究与实践"阶段性研究成果（编号 jg20230148）

● 2023 年度浙江省产学合作协同育人项目（编号 352）及浙江金融职业学院 2021 年度青年科研重点项目（编号 2021ZD05）"高职院校创客空间构建策略研究"研究成果

● 2022 年省级课程思政示范课程"创新创业指导"（编号 586）项目建设成果

前　言

"全面推进乡村振兴，坚持农业农村优先发展"，中国广袤的田地上吹响了乡村振兴的号角，吸引了大批返乡、下乡的绿领创客扎根土地，围绕"三农"产业升级做文章。人才振兴是乡村全面振兴的基础保障，全面推进乡村振兴，加快农业农村现代化，迫切需要建设一支与其相适应的人才队伍。

实业兴邦。作为一个历史悠久的农业大国，我们国家农业地域辽阔，农业经营类型多样，自然景观优美，农业文化丰富，乡村民俗风情多彩。我们希望，引导农民工、大中专毕业生、退役军人等返乡做绿领创客，投身乡村振兴，通过这一群人的力量和视角，鼓励和影响更多年轻人重新认识家乡、重新认识产业，把更多年轻力量和活力注入乡村。同时，借助高校、科研院所等机构的科研技术力量服务农业发展，让有专业技能的科技人才、大学生村官、"三支一扶"等各类人才向乡村基层一线流动。

相对于城市的快节奏、复杂与多变，乡村有着更多诗意与温情，它承载着乡音、乡土、乡情，以及古朴的生活、恒久的价值和传统。这些绿领创客来自四面八方，各有目标抱负。有人想改变乡村的落后面貌，有人看中了乡村蕴藏的潜力与空间，有人只是基于对故土的眷恋。不管这些绿领创客的初衷是什么，事实是，有不少返乡创业的年轻人，虽然有过在企业打工的经历，但是普遍缺少创业必备的知识储备和经验。大多数绿领创客是初次创业，由于缺乏必备的知识储备和经营管理经验，且没有有经验者为其提供创业指导和借鉴，他们光有一腔热血，却并不知道自己可以做什么、怎么做，或者做什么更合适。更有不少绿领创客惨遭失败，不但带去的资金打了水漂，更耗尽了人力物力，从而丧失了创业的激情。对于这些绿领创客，我总想做些什么。

趁着放暑假，我在浙江金华陆陆续续走了几个特色村，包括磐安尖山乌石村、湖上村，永康大陈村，武义下汤村、坛头村，目睹猪栏变咖啡馆、农房变民宿、厕所成网红打卡点、蘑菇屋变直播间……那里的绿领创客们在几个村里因地制宜发展多样性特色农业、休闲农业旅游，开发具有民族和地域特色的乡村手工业，还带出了当地一批批能工巧匠，培育了一批批家庭工坊、手工作坊、乡村车间等创新创业项目。过去，农民有原料，却难挣到钱，就是因为农村卖原料、城市搞加工，这样一来一去，成本就上升了。现在，这些绿领创客直接在村镇市场搞加工，挖掘适合家庭农场和农民合作社经营的农产品，直接进行生产。

农村创新创业的空间很大，绿领创客需要掌握许多关于创新创业的知识与技能。从创立企业应做的必要准备到组建创业团队；从提高发现商机的能力到挖掘市场机会并进行创业机会的评估与比较；从创业环境分析到创业信息搜集；从创业模式选择到创业选址；从撰写创业计划到寻找创业融资；从设计名称品牌到注册登记；从项目营销策划到财务管理；还要懂法律法规并控制风险……这些知识和技能在这本书中都能找到。

新时代，新青年，新农村。人兴则乡村兴，人旺则乡村旺，我由衷地希望，本书能为返乡下乡创业的绿领们提供切实可参考和应用的创新创业知识和技能，提升创新创业的成功率，为美丽乡村、幸福乡村、共同富裕建设做出贡献。

2023 年 10 月 15 日于浙江杭州

目 录

CONTENTS

第一章

绿领创客初相识

第一节 政策背景

一、乡村振兴战略

乡村振兴战略是习近平同志于 2017 年 10 月 18 日在党的十九大报告中提出的战略。党的十九大报告指出：农业农村农民问题是关系国计民生的根本性问题，必须始终把解决好"三农"问题作为全党工作重中之重。2017 年中央农村工作会议明确了实施乡村振兴战略的目标任务：到 2020 年，乡村振兴制度框架和政策体系基本形成；到 2035 年，农业农村现代化基本实现；到 2050 年，乡村全面振兴。显然，这些目标与任务的达成，除了政策方针的指引及资金与技术的支持，更需要一大批愿意奉献建设乡村事业的"新居民"。

2023 年是全面贯彻党的二十大精神的开局之年，党的二十大提出全面建设社会主义现代化国家，最艰巨最繁重的任务依然在农村，并提出了坚持农业农村优先发展、加快建设农业强国、建设宜居宜业和美丽乡村的目标。

二、中央一号文件

中央一号文件，顾名思义就是中央每年发布的第一份文件，通常在年初发布。中央一号文件现在已成为中共中央、国务院关注与解决"三农"问题的"专门文件"。

（一）发布背景

中国改革开放初期，以安徽凤阳县小岗村的"分田密约"为标志，包产到户、包干到户在中国农村出现并席卷中华大地。但是，这种农业生产责任制到底是姓"资"还是姓"社"，农业生产责任制是否为国家权宜之计，这些问题在当时引发了很多人的质疑。为此，中央相继召开了多次农村工作会议，终于在 1982 年 1 月 1 日颁布了名为《全国农村工作会议纪要》的第一个中央一号文件。

"三农"问题在中国的改革开放初期曾是"重中之重",中央在1982年至1986年连续五年发布以农业、农村和农民为主题的中央一号文件,对农村改革和农业发展作出具体部署。这五个一号文件,在中国形成了一个专有名词——"五个一号文件"。

(二)2023年中央一号文件

2023年2月13日,中央发布的一号文件是《中共中央 国务院关于做好2023年全面推进乡村振兴重点工作的意见》。文件指出:"全面建设社会主义现代化国家,最艰巨最繁重的任务仍然在农村。世界百年未有之大变局加速演进,我国发展进入战略机遇和风险挑战并存、不确定难预料因素增多的时期,守好'三农'基本盘至关重要、不容有失。党中央认为,必须坚持不懈把解决好'三农'问题作为全党工作重中之重,举全党全社会之力全面推进乡村振兴,加快农业农村现代化。"①

农业稳则基础牢,农村稳则社会安,农民富则国家强。改革开放以来,中国农村取得了举世瞩目的成就,但问题依旧存在,由于历史上所形成的制度与体制障碍,农村与城市相比,还存在一定的差距。因此,加强"三农"工作,着力解决"三农"问题,关系着党和国家的全局,关系着中华民族的伟大复兴和中国特色社会主义事业的长远发展,也关系着社会主义新农村建设与和谐社会的构建。

三、2023年浙江一号文件

为认真贯彻落实党的二十大精神,高水平推进乡村全面振兴,加快建设高效生态农业强省,推动中国式农业农村现代化先行,根据《中共中央 国务院关于做好2023年全面推进乡村振兴重点工作的意见》精神,浙江省委结合实际,提出了名为《中共浙江省委 浙江省人民政府关于2023年高

---

① 新华社. 中共中央 国务院关于做好2023年全面推进乡村振兴重点工作的意见 [EB/OL]. (2023-02-13)[2023-10-23].http://www.gov.cn/zhengce/2023-02/13/content_5741370./htm.

水平推进乡村全面振兴的实施意见》的浙江一号文件 ①（以下有删改）。

（一）总体要求

1. 指导思想。以习近平新时代中国特色社会主义思想为指导，全面贯彻落实党的二十大精神和省第十五次党代会、省委十五届二次全会决策部署，聚焦共同富裕大场景下的乡村振兴，锚定高效生态农业强省建设目标，坚持农业农村优先发展，坚持农业现代化与农村现代化一体推进，坚持科技和改革"双轮驱动"，深化农业"双强"、乡村建设、农民共富行动，高水平推进乡村产业、人才、文化、生态、组织振兴，全方位夯实粮食安全根基，全域建设宜居宜业和美乡村，创新提质乡村数字经济，优化提升乡村营商环境，升级提能乡村"地瓜经济"，实施县城承载能力提升和深化"千村示范、万村整治"工程，加快城乡融合发展，构建有利于农民农村共同富裕的体制机制，持续擦亮"三农"工作金名片，为深入实施"八八战略"、以"两个先行"打造"重要窗口"、奋力谱写中国式现代化浙江篇章贡献"三农"力量。

2. 主要目标。2023 年，全省农林牧渔业增加值增长 3%，农业劳动生产率达到 5.4 万元 / 人，农业科技进步贡献率达到 67%，农村居民人均可支配收入增长 8%，城乡居民收入倍差缩小到 1.89 以内，全省农民与山区 26 县农民收入比值缩小到 1.26，全省农民与低收入农户收入比值缩小到 1.95。

（二）深化农业"双强"行动，加快打造高效生态农业强省

1. 全方位夯实粮食安全根基。实施粮食产能提升行动，完善种粮农民收益保障机制，保持稻谷最低收购价高于国家最低收购价。全省域实施水稻完全成本保险，积极探索种植收入保险。建立产粮大县利益补偿机制。实施粮食产业"五优联动"行动，建设一批高标准综合性粮食物资储备库和区域性粮食应急保障设施。优化储备品种结构。健全粮食应急保供体系，

---

① 钱江晚报 . 中共浙江省委 浙江省人民政府关于 2023 年高水平推进乡村全面振兴的实施意见 [EB/OL].（2023–03–15）[2023–10–23].http://baijiahao.baidu.com/s?id=1760429375841901816&wfr=spider&for:pc.

坚持增产和减损两端发力，推进产运储加消全链条节粮减损。落实最严格的耕地保护制度，实施沃土固基工程，建立耕地种植用途管控机制，探索耕地进出平衡"先进后出"机制，严格控制耕地转为其他农用地。巩固"田长制"+"耕地智保"成果，实现耕地违法问题早发现、早制止、早处置。修编全省农田建设规划，加快将永久基本农田全部建成高标准农田，推动耕地、永久基本农田、高标准农田、粮食生产功能区层层套合。开展陡坡农用地（非林地）与平原林地置换，实施"百大精品"造地工程。大兴农村水利基础设施建设，编制全省农田灌溉发展规划，实施大中型灌区现代化改造，更新改造灌溉设施，除险加固病险水库，整治病险山塘水库，加强连接灌区骨干工程与田间地头渠系的农田水利设施建设。

2. 构建多元化食物供给体系。严格"菜篮子"市长负责制考核，加快构建粮经饲统筹、农林牧渔结合、植物动物微生物并举的大食物供给体系。加快乡村产业振兴，深入实施"十业万亿"培育工程。大力发展林下种养和林下产品采集初加工，发展"千村万元"林下经济，认定林下道地中药材种植基地。新种和改造油茶。实施畜牧业高质量发展行动，支持家禽、湖羊、牛等产业发展。稳定保障性蔬菜基地面积。实施水产健康养殖和生态养殖示范区建设行动，建设深远海抗风浪深水网箱和智能化养殖平台、海洋牧场示范区人工鱼礁。做优做强茶叶、水果、食用菌等特色产业。健全"菜篮子"主要产品价格监测预警机制。

3. 强化农业科技和机械装备支撑。制订农业关键核心技术攻关实施方案。加快打造农业科技创新高地，实施"尖兵""领雁"和"三农九方"农业产业技术创新等项目。推进种业革命，持续稳定实施农业新品种选育重大科技专项，完成全省农业种质资源普查。深化科技特派员制度，省市县联动选派科技特派员。提升省部共建国家重点实验室建设水平，支持建设省农机装备技术创新平台。完善基层农技推广体系，强化公益性服务功能。推进丘陵山区适用小型农业机械推广应用先导区建设，打造"机器换人"高质量发展先行县、全程机械化应用基地、农机创新试验基地。支持国家林草装备科技创新园建设。优化农机购置与应用补贴政策，开展农机研发制造推广应用一体化试点。加快建设水稻集中育秧中心和设施蔬菜集约化育苗中心。

4. 实施农业高质量发展"百千"工程。实施粮食生产功能区、现代农业园区、现代化农事服务中心（非实体性机构）、智慧农业、农产品冷链物流、农产品加工等"百千"工程，加快现代农业基础设施补短提能。制订千万亩粮食生产功能区划定方案。建设省级现代农业园区，争创国家级现代农业园区，支持符合条件的项目申请专项债券。建设省级农事服务中心。迭代升级种植业、畜牧业、渔业等产业大脑，建设未来农场、数字农业工厂（基地）。支持分级分类建设产地冷链集配中心，加快粮食烘干、农产品产地冷藏、冷链物流设施建设，建设乡村放心农贸市场。以精深加工为重点建设农产品加工园区，引导农产品加工企业向产地下沉、向园区集中。

5. 发展生态低碳农业。稳步推进农业领域碳达峰碳中和，新建生态低碳农场。深化"肥药两制"改革，推动配方肥替代平衡肥扩面，畜禽粪污资源化利用和无害化处理率。深化健康土壤行动，扎实推进第三次全国土壤普查。创新稳粮肥田、园地套种等种植技术，推广稻—菜、稻—菇、稻—豆—油等轮作模式和"稻田养鱼""稻虾轮（共）作"等种养模式。推广农田退水"零直排"模式。实施好长江十年禁渔，严格执行休禁渔期制度。扎实抓好八大流域统一禁渔期管理，开展水生生物增殖放流，加强渔业资源修复保护。

6. 升级提能乡村"地瓜经济"。发展农业总部经济，推广台州"追着太阳种西瓜"、嵊州"三界种粮队"外拓种粮等模式。深化共建"一带一路"国家和长三角农业交流合作，落实RCEP三年行动计划。举办全球重要农业文化遗产（中国）保护与发展联盟会议，制定重要农业文化遗产保护利用意见，公布省级重要农业文化遗产资源。完善农业全产业链"链长制"，培育食用菌、柑橘、杨梅、湖羊等省级特色链和茶叶、生猪、水产品、中药材等全国农业全产业链重点链。创建一批国家农村产业融合发展示范园和国家林业产业示范园。加快发展创意农业，支持创意农业重点实验室建设。做强"浙里田园"休闲农业品牌，探索共享田园等新模式。培育农产品区域公用品牌、企业品牌，新增"品字标浙江农产"品牌企业、绿色食品。办好中国国际茶叶博览会、浙江农业博览会、浙江种业博览会。

（三）深化乡村建设行动，以"千万工程"统领宜居宜业和美乡村建设

1. 优化乡村空间布局。加强国土空间规划编制实施，持续优化国土空间结构和布局，系统支撑以县城为重要载体的新型城镇化建设。鼓励以一个或若干行政村为单元编制"多规合一"实用村庄规划，合理确定村庄布局和建设边界。将村庄规划纳入村级议事协商目录。强化乡村建设规划许可管理，严格规范村庄撤并，严禁违背农民意愿大拆大建。推进"空心村"综合整治和开发利用。扎实开展土地综合整治，完成整治项目100个，高质量推进跨乡镇土地综合整治试点。整体推进农用地和建设用地整理，盘活农村存量建设用地，优先保障乡村建设用地需求。

2. 建设宜居宜业和美乡村。全面总结"千万工程"实践成果、制度成果、理论成果，开展"千万工程"实施20周年系列活动。以"千万工程"为牵引，以美丽乡村为底色，以未来乡村为示范，以共同富裕为追求，建设宜居宜业和美乡村，构建"千村未来、万村共富、全域和美"新格局，加快让农民就地过上现代文明生活。围绕"环境和美、产业和融、人文和润、治理和谐、生活和顺"，建立宜居宜业和美乡村建设体系，制定宜居宜业和美乡村指导意见、建设导引、评价办法。点线面结合推进宜居宜业和美乡村联建联创，新建未来乡村，培育一批样板乡镇、和美庭院。推进宜居宜业和美乡村片区化、组团式、带状型发展。

3. 全域提升乡村风貌。深化农村生活垃圾、污水、厕所"三大革命"，持续开展村庄清洁行动，建设改造农村生活污水处理设施。探索农村物业管理模式，健全农村人居环境整治提升长效机制。尊重村庄原有肌理，实施微改造、精提升，推进村庄空间梳理、功能植入、标识配套。完善农房建设管理体制机制，动态更新农房设计通用图集库，联动推进农房改造、庭院美化、降围透绿，实现新建房屋风貌有特质、现有农房整体有提升、一户多宅有整治。积极推进管线序化，有条件的地方推动管线入地。推进村内道路平整美化，建设"畅、洁、美、安"的乡村道路。

4. 实施乡村文化振兴行动。实施百城万村文化惠民工程，探索建设区域公共文化服务联合体，建设文化驿站等乡村新型文化空间。实施"文艺星火赋美"工程，建设一批美育村。实施革命文化和红色基因传承计划，培育"浙江文化标识"，建成乡村博物馆。实施历史文化（传统）村落保护利用村项目，探索开展传统村落集中连片保护利用。传承发扬乡村节气文化。挖掘开发涉农特色运动项目及健身产业，广泛开展农民喜闻乐见的体育健身赛事。办好中国农民丰收节浙江系列活动。

5. 完善"四治融合"乡村治理体系。深化党建引领基层治理，深入推进万村善治工程，深化全国乡村治理建设体系试点示范建设。全面落实县级领导班子成员包乡走村、乡镇领导班子成员包村联户、村干部包网入户制度。加强新时代乡镇领导班子和干部队伍建设，开展换届后专项调研调度和领导班子政治素质考察，推动乡镇领导班子增强整体功能。健全党组织领导的村民自治机制，创新提升"村民说事"制度，推进全国村级议事协商创新实验试点。深入推进全过程人民民主基层实践，依法实行民主选举、民主协商、民主决策、民主管理、民主监督。坚持和发展新时代"枫桥经验"，完善群防群治的常态化制度机制，完善社会矛盾纠纷多元预防调处化解机制。深化新时代乡村治理"余村经验"。推进乡村"法律明白人"培育工程，加强公共法律服务一站式云平台建设。推广运用积分制、清单制等务实管用的治理方式。创新提升"后陈经验"，加强村级小微权力监督，深化清廉村居建设。常态化推进农村地区扫黑除恶工作。推进"浙风十礼"乡村实践，深化基层德治建设，加强家庭家教家风建设，推进移风易俗，革新餐桌文明，推广家宴进礼堂、喜丧宴席套餐制等做法。深化推进党建统领网格智治，健全完善网格事项准入、规范运行、作用发挥等机制。

（四）深化农民共富行动，持续缩小"三大差距"

1. 深化强村富民乡村集成改革。实施发展新型农村集体经济三年行动计划，规范发展强村公司。推广"片区组团"发展模式，实施"飞地"抱团项目。实施乡村点亮行动，因地制宜开展村庄经营。出台闲置宅基地和闲置农房盘活利用指导意见，探索委托出租、合作开发、回收开发、入股经营等盘活方式。鼓励有条件的地区聘请乡村职业经理人，引入懂农村、善经营、会管理的专业人才或团队参与乡村运营。持续深化农村综合改革试点。推进地理标志富农集成改革，提高地理标志品牌使用率。

2. 创新提质乡村数字经济。加快数字乡村引领区建设，推进乡村数字产业增效、数字服务提质、数字基础提升。引导平台经济赋能"三农"发展，加快推进农村信用信息体系建设，以数字化手段推动各类要素支持农业农村。培育网上农博、网上森博、直播带货、社区团购等农产品电子商务新业态，建成电子商务专业村2200个以上。加快"乡村大脑＋浙农系列应用"建设，提高"浙农码"用码量。培育和引进乡村数字技术人才，建立农村数字化培训和实践体系。实施乡村数字化新基建工程，加快乡村5G基站建设进度，开展偏远地区、山区、海岛等基础网络补盲建设，推进北斗卫星导航系统、遥感、大数据、人工智能等新型数字化技术在农业农村领域应用。

3. 促进农民持续普遍较快增收。拓宽"绿水青山"向"金山银山"转换通道，加快农民农村"扩中提低"，推动"人人有事做，家家有收入"。深化千万农民素质提升工程、乡村工匠培育计划，开展订单式、紧缺型职业工种农民工培训。实施万户农家旅游致富计划，提升建设一批3A级景区村庄。发展庭院经济，开发乡村公益性岗位，促进农民就地就近就业。

4. 提升农村社会保障水平。推进农民工参保扩面，稳定和扩大农民工就业创业。加强重特大疾病保障，完善防范化解因病致贫返贫长效机制。实施惠民型商业补充医疗保险，在淳安、嵊泗等山区海岛县和丽水试点增设长期护理保险、出生缺陷防治、家庭共济等多元保障项目。稳步提高农村最低生活保障水平。加强"一老一小一残"帮扶，落实困难人员参加城乡居民基本养老保险政府代缴、家庭经济困难学生资助等政策，完善农村残疾人社会保障制度。

5. 加快山区海岛乡村发展步伐。深入实施先富带后富"三同步"行动，推进山区海岛县新型城镇化和乡村振兴同步并进，加快缩小区域差距。支持嵊泗县、景宁畲族自治县走山区海岛县高质量发展共同富裕特色之路。深化新型帮共体建设，拓展乡村振兴（26县）十大助力行动，完善"26+10"双轨并行工作机制。以诗路文化带建设为抓手，支持山区海岛县打造秀水诗路、田园耕读、山水人文、森林古道等主题精品旅游线路。支持建设消费帮扶综合体和特色街区。深入实施"供富大篷车"项目，服务覆盖偏远山区村。新建省级革命老区乡村振兴示范区。增强山区海岛县医保均衡性和可及性，推进医保服务事项省域通办，实施面向海岛县的医保异地结算服务集成改革。开发利用气候资源，评估推介气候康养乡村。新增山区海岛县和农村的阳光食品作坊。

（五）推进县域内城乡融合发展，加快城乡一体化进程

1. 提升县城承载能力。坚持新型城镇化和乡村振兴"双轮驱动"，以县城承载能力提升为牵引，加快县域内城乡融合发展。提升县城产业平台带动能力，建设一批国家级经济技术开发区、高新技术产业开发区、省级高能级战略平台，支持山区县特色生态产业平台提升发展。提升县城基础设施支撑能力和公共服务保障能力，完善县城内外交通网络，更新韧性管网设施，布局县城数字基础设施。提升县城生态环境承载能力，深化城镇"污水零直排区"建设，建设"无废城市"，完善县城生态绿地系统。

2. 加快城乡基础设施一体化。打造"四好农村路"2.0版，推进山区26县乡（镇）通三级公路和建制村通双车道公路，完成新改建农村公路、养护工程。全域建设幸福河湖，建设海塘安澜工程，完成中小河流治理，建设美丽河湖、"水美乡镇"，完善农村供水县级统管机制，城乡供水同质化。加快新时代乡村电气化村建设，农村地区供电可靠，建成新时代乡村电气化村。加强农村燃气供气规范化建设。支持农村清洁能源产业发展，加快抽水蓄能重点项目建设，推进绿色能源站试点建设。开展乡村无障碍环境建设。

3. 提升城乡公共服务均等化水平。实施城区与乡（镇）村幼儿园一体化管理，农村学前教育整体质量基本达到当地城区平均水平。推进跨地区教共体建设，逐步提高县域内融合型、共建型教共体比例。推进乡村医疗卫生基本公共服务提升行动，新改扩建规范化村级医疗机构，建设基层"旗舰中医馆"，建设一批"医防护"儿童健康管理中心。加强健康村建设。深化党建引领多方协同助力"浙里康养"，总结推广养老服务"爱心卡"制度。发展农村互助养老服务，推广"农村老年公寓＋养老服务"等模式。

4. 加快农业转移人口市民化。高质量推进户籍制度改革，进一步放开放宽城镇地区落户限制，实行以经常居住地登记户口制度，逐步开展社保缴纳年限、居住年限等户籍准入年限累计互认。深化新型居住证制度，全面实施电子居住证，持续推行"电子居住证＋互认转换"集成应用，深化人口服务管理数字化改革。完善以居住证为载体的城镇基本公共服务提供机制，逐步推进居住证与身份证功能衔接，逐步拓展居住证持有人可享有的基本公共服务范围、提高服务标准，探索以积分制为依据的紧缺公共服务梯度供给制度。探索进城落户农民"三权"依法自愿有偿退出、转让机制和农民市民化后权益退出与城镇住房等保障衔接机制。完善城镇新增建设用地规模与农业转移人口市民化挂钩政策。支持条件成熟地区开展城乡融合发展省级县域试点建设。

（六）全面深化农村改革，增强农业农村发展动能

1. 深化乡村营商环境改革。加快建设"惠农政策直通车""浙里农事"应用，充分释放惠农政策效应。深化农业农村投资"一件事＋明白纸"集成改革。完善农业农村招商项目库，制定发布招商投资指引。规范农业农村行政审批事项服务指南，规范技术审查、现场勘验等特别程序行为。完善网上办事引导功能，实现"一搜就找到、一看就明白、一点就能办"，推动

"网上掌上可办"向"好办易办"转变。推进部门数据共享、互通互认，提高申请信息共享率，普及电子证照。优化农业农村项目用地、环评等审批流程。

2. 深化农村土地制度改革。有序推进农村土地第二轮承包到期后再延长 30 年试点。支持有条件的地方在农民自愿前提下，探索开展农田集中连片整理。规范推进土地承包经营权纳入不动产统一登记，建立农村土地承包合同管理和登记颁证"一件事"联动机制。深化农业标准地改革，建成农业标准地。稳慎推进国家农村宅基地制度改革试点，探索宅基地使用权流转制度。深化集体经营性建设用地入市试点，建立入市土地增值收益合理分配机制。

3. 深化农村集体产权制度改革。打造"三权到人（户）、权随人（户）走"改革 2.0 版，探索集体经济组织成员"三权"与户籍变动脱钩。支持集体经济组织通过入股联合、项目开发、委托经营、合资合作等方式实现联合发展，形成的产权及收益明晰到集体经济组织。打造全省一体联通的农村产权流转交易体系，开展农村产权交易市场规范化建设试点。迭代"浙农经管"应用，探索集体经济大型村社财务绩效评价制度。深化集体林权制度改革。

4. 深化新型农业经营体制改革。深化"三位一体"农合联改革，支持发展家庭农场、农民合作社等新型经营主体，培育壮大农业社会化服务组织，提高农业生产经营组织化、集约化、专业化、社会化程度。强化农业龙头企业带动作用，健全联农带农支农惠农机制，引导通过订单收购、保底分红、二次返利、股份合作、吸纳就业、村企对接等多种形式，把现代农业生产标准、技术、要素等导入小农户，增强对小农户的产业化持续带动能力。推进"经营主体＋小农户""农业双强＋小农户""农事服务＋小农户"，率先构建小农户与现代农业有机衔接机制。

（七）强化要素保障和机制创新，确保农业农村优先发展

1. 加大资金保障力度。坚持把农业农村作为一般公共预算优先保障领域，省级预算内投资进一步向农业农村倾斜。强化央行货币政策工具运用，开展金融机构服务乡村振兴考核评价。深化绿色金融改革和普惠金融服务乡村振兴改革。支持渔业互保等农业互助保险。完善大灾理赔快速响应制度。完善政策性农业信贷担保体系，省市县协同、"政银担"合作支农模式实现农业大县基本覆盖。支持以市场化方式设立乡村振兴基金。

2. 补齐土地要素供给短板。重点保障乡村产业发展用地。合理确定农业生产、农村居民点、乡村公共设施、基础设施、农村一二三产业融合发展等用地布局，城乡增减挂钩指标优先用于农村建设需要。落实农业重大产业项目用地保障机制，实行单列跑道、单设标准。建立乡村重点产业和项目用地保障督查审计机制。

3. 促进乡村人才振兴。完善省级农民大学、市级农民学院、县级农民学校以及实训基地和田间学校四级培训体系，加强农业经营主体教育培训。实施乡村绿领人才培育计划，引进培育乡村振兴领军人才1000名以上，新招引4万名以上新乡贤参与乡村振兴。深化十万农创客培育工程，新培育农创客2万名，支持协同运营高价值知识产权1000项。选优配强新一轮村第一书记、农村工作指导员和驻村工作组。完善农技人员、乡村卫生人员、农村学校教师和紧缺学科教师定向培养工作机制，加强乡村数字化建设人才引育，选派第五轮"希望之光"教育专家团队，培养乡村振兴科技领头人800名。加快面向农业农村的职业教育建设，完善农林类院校涉农专业免学费政策。启动第二批省级乡村人才振兴先行县建设。建立乡村人才信息库和需求目录。

4. 扩大农业农村有效投资。实施农业农村优先工程，制定乡村振兴政策包，加快农田建设与灌溉、农业"双强"基础设施、土地综合整治等领域省重大项目建设。针对农业农村基础设施建设薄弱环节，谋划实施一批补短板项目。完善重大项目服务推进机制，建立节点式、清单化调度管理制度。加快国家级渔港经济区建设。落实农业农村重大项目投资激励政策，制定鼓励类项目目录，引导优化农业农村投资结构。

5.推进乡村组织振兴。树立大抓基层导向，突出增强基层党组织政治功能和组织功能，深入推进抓党建促乡村振兴，深化党建联建机制和党建引领"共富工坊"建设，开展"红色根脉强基指数"评价、"百县争创、千乡晋位、万村过硬"工程创评、基层党建述职评议以及乡镇（街道）党（工）委书记和村（社区）书记工作交流会等"三评两赛"，激励个个创优、整体建强。实施新时代"领雁工程"，加强村（社区）干部监督管理，全面开展村级组织换届届中"回头看"，对村（社区）组织运行、党组织书记和"两委"班子成员进行政治素质体检。体系化抓好村（社区）党组织书记培训提升。推动村级党群服务中心整合规范提升，强化以财政投入为主的村级组织运转经费保障。加强党员"进出育管爱"全链条管理，扎实推进流动党员排查纳管。支持在公益慈善、生活服务、乡村事务、文体活动等领域依法登记社会组织。规范村级组织工作事务、机制牌子和证明事项，健全落实落到基层事项准入机制。

6.强化乡村本质安全。深化海洋渔业综合管理改革，深入实施海上"千船引领、万船整治"工程，积极稳妥推进帆张网、涉氨冷藏、老旧渔船淘汰整治和减船转产，迭代升级"浙渔安"数字应用。加强休闲海钓船管理，探索海事、交通运输和农业农村等部门协同管理模式。实施农机安全生产专项整治行动，落实省域变型拖拉机禁行措施。推进动植物防疫基础设施建设，健全基层动植物防疫队伍体系。加强农产品质量安全监管，强化农产品全产业链风险监测管控，争创国家现代农业全产业链标准化示范基地。强化食品安全治理。加强农业农村防灾减灾能力建设，完善农业农村气象灾害监测预警体系。精准抓好农村地区疫情防控和服务工作。

办好农村的事，关键在党。各级党委和政府要学深悟透习近平总书记关于"三农"工作的重要论述，全面落实五级书记抓乡村振兴责任清单，落实省市县党政主要负责人乡村振兴联系点制度，牢固树立群众观点，坚决反对乡村振兴推进中各类形式主义、官僚主义，建立常态化约谈机制，把握好工作时度效，推动基层把好事办好、实事办实。要全面落实乡村振兴责任制，充分发挥各级党委农村工作领导小组作用，切实加强各级党委农办力量建设，常态化开展"三农"专题培训，积极推进农业农村统计现代化改革，统筹开展实施乡村振兴战略实绩考核、政府督查激励，将抓党建促乡村振兴情况作为市县乡党委书记抓基层党建述职评议考核的重要内容，高质量推进乡村振兴示范先行。加强"三农"干部现代化能力建设，全面推行政治整训、业务整训、作风整训和现代化能力评价。

四、浙江省人社厅返乡入乡合作创业带头人培训

（一）实施背景

为深入贯彻党的二十大关于全面推进乡村振兴的决策部署，进一步落实党中央、国务院和浙江省委、省政府关于实施乡村振兴战略的有关工作要求，浙江省人社厅大力推进返乡入乡合作创业，有效帮带农民就业增收，实施深化返乡入乡合作创业带头人培训和实践基地建设三年行动计划（2023—2025年）。

近年来，浙江省人社厅深入基层调研，在全省众多鲜活实践案例的基础上，总结提炼出"1+3+N（n）"返乡入乡合作创业组织模式，即在村基层党组织的组织领导下，村经济合作社、合作企业、专业协会、创业户、农户等主体间共创共享，打造互帮互助、共建共享的乡村合作创业帮共体。

（二）具体内容

浙江省人社厅以习近平新时代中国特色社会主义思想为指导，坚持创新深化、改革攻坚、开放提升，聚焦创业就业促进行动，围绕推广"1+3+N（n）"返乡入乡合作创业组织模式，着力培养一批返乡入乡合作创业带头人。发挥带头人引领带动作用，推动返乡入乡合作创业组织模式在全省更多乡村落地见效，拓宽农民增收致富渠道，壮大村集体经济，吸引人才返乡入乡，打造乡村合作创业帮共体，为以"两个先行"打造"重要窗口"，谱写中国式现代化浙江篇章贡献人社力量。

这里的"1+3+N（n）"模式，"1"是指由村党组织负责返乡入乡合作创

业组织的领导，在合作创业中发挥统领作用。"3"是指村经济合作社、合作企业、专业协会。由村经济合作社负责管理协调和资源整合，通过与企业合作将资源变资本，壮大村集体经济；由合作企业负责帮带返乡创业，帮助农民就业，帮扶集体经济增强、创新技术转化落地、产品统一营销等，在合作创业中发挥关键作用；由专业协会负责自律规范服务，使创业户在自律规范服务中健康发展。"N"是自负盈亏的创业户，"n"是农户，创业户帮带农户发展。

（三）实施方式

1. 理论培训。组织参训人员重点深入学习习近平总书记关于"三农"工作的重要论述，"1+3+N（n）"返乡入乡合作创业组织模式相关理论与实践案例，以及《乡村合作创业管理与服务规范》省级地方标准、返乡入乡创业就业扶持政策等，提高政治理论水平，培养合作创业意识，掌握更多信息资源，全面提升合作创业带头人的综合能力水平。

2. 现场教学。组织参训人员实地考察返乡入乡合作创业优秀村，通过现场观摩、听取介绍等方式学习优秀村成功经验和做法，加深对"1+3+N（n）"返乡入乡合作创业组织模式时代背景、理论依据和重大意义的认识，同时学习掌握模式的落地步骤和流程。

3. 交流研讨。在理论培训和现场教学后，组织参训人员积极开展讨论交流，分享学习心得体会和工作意见建议，进一步开阔视野、拓宽思路、凝聚共识，真正使"1+3+N（n）"返乡入乡合作创业组织模式入心入脑，切实巩固培训成果。

五、政策解读

2023 年浙江一号文件提出在高质量发展中实现"两个先行"，即共同富裕先行、省域现代化先行。聚焦共同富裕大背景下的乡村振兴，文件强调坚持农业农村优先发展，坚持农业农村现代化一体推进，把加快建设高效生态农业强省、全域推进和美乡村建设等列为主要任务。这也是"三农"领域进阶努力的方向。

事实上，实施乡村振兴战略是实现全体人民共同富裕的必然选择。2020年3月26日，浙江就明确提出《关于高质量推进乡村振兴确保农村同步高水平全面建成小康社会的意见》，从战略规划和实施细则上保障高水平全面建成小康社会，为共同富裕奠定坚实的基础。同年6月13日，农业农村部等九部委联合发布《关于深入实施农村创新创业带头人培育行动的意见》，深入实施农村创新创业带头人培育行动，呼吁以返乡入乡的农民工、大学生、退役军人和科技人员为代表的绿领，通过引资引智、创新创业，有效盘活乡村资源要素，带动乡村产业繁荣。但目前，绿领们仍存在总量不大、层次不高、带动力不强等问题，亟须加快培育壮大。

而"1+3+N（n）"返乡入乡合作创业组织模式，是对习近平在浙江工作期间推进"三位一体"合作经济发展和《中共中央关于全面深化改革若干重大问题的决定》的有益探索，是适应乡村高质量发展要求、适应农村市场经济发展要求、适应主要矛盾变化要求、适应农村生产力发展要求的守正创新之举，既丰富发展了乡村创业就业形态，又提高了返乡入乡创业者的组织化程度，有利于创业带动就业，实现农民增收，有利于增强村集体经济，有利于企业在乡村的发展，有利于促进"两进两回"，为乡村振兴和共同富裕提供人才支撑。

要学习和推广浙江的"千万工程"，这既是对浙江工作的充分肯定，也意味着不进则退的压力——全国学浙江，浙江怎么办？浙江如何打造升级版的新"千万工程"呢？我们认为，培育一批扎根乡村、服务农业、带动农民的农村创新创业带头人，发挥头雁效应是最有效途径。绿领创客以创新带动创业，以创业带动就业，以就业促进增收，为全面建成小康社会、推进乡村全面振兴提供有力支撑。

第二节　绿领创客

一、创客

"创客"这个词译自英文单词"maker"，源于美国麻省理工学院的实验课题。此课题以创新为理念，以个人设计、个人制造为核心内容，参与课题的学生即"创客"。而在我国，"创客"与"大众创业万众创新"联系在了一起，特指具有创新理念、自主创业的人。

二、绿领

在乡村，有这样一群人，他们拥有高学历、高素质，掌握现代农业生产技能，热爱乡村，热爱农业，愿意扎根乡村，为乡村贡献自己的青春与力量。他们有一个时髦的称谓——绿领。

"绿领"一词在国外特指从事环保行业的人。而我国主要将从事"三农"产业、与绿色产业打交道的人统称为"绿领"。

三、绿领创客

绿领创客，是指具备环保理念和创新创业能力的人才群体。他们关注环境保护，具备创新思维和创业精神，能够为社会提供具有可持续性的发展模式。绿领创客是新时代的一支重要力量，他们以自主创新为驱动力，为社会创造更多的价值。相比留在都市里做一名白领、蓝领，时下，返乡创业正在成为很多人的选择。这些绿领创客，正是"绿水青山就是金山银山"理念在基层农村成功实践的先锋队。

目前，绿领创客已经成为各地政府高度重视的人才群体之一。在政策的支持与推动下，越来越多的绿领创客走向了乡村，参与到乡村振兴的过程中。他们积极探索和推广各种环保技术和经验，为农村的发展注入了新的活力。绿领创客是参与乡村振兴的重要力量，他们通过创新、创业等创造性活动，在农村环境下推动经济发展、环境保护和社会进步。环保、旅游、金融等领域都是绿领创客发挥才华和贡献力量的重要领域。

当然，绿领创客也面临着一些挑战和困难。例如，乡村市场规模较小、资金和人才流失等问题，给绿领创客的发展带来一定的风险。同时，绿领创客需要不断创新，不断提升自身的技术水平和产品质量，才能够在激烈的市场竞争中立于不败之地。

四、农创客

与"绿领创客"类似的，还有"农创客"。农创客是指，在农村地区，积极推动农业产业转型升级，促进农村经济发展的创新型农民群体。他们以创新为动力，以市场需求为导向，在农业、林业、牧业等领域进行系统化、科学化、信息化的经营管理，推进农业供给侧结构性改革和农村现代化。

发挥农创客的作用，可以为乡村振兴战略提供积极的支持：一方面可以推动农业产业升级，加快传统农业向现代农业的转型；另一方面，可以推进农业信息化，加强农村与城市的信息交流，促进城乡一体化发展。

同时，农创客还可以带动一大批农民参与创新，提高农民收入水平，促进乡村经济的发展。创新创业促进了乡村文化和社会生活方式的变革，提高了农民的生活质量和社会地位，帮助营造宜居宜业的乡村环境。

第三节　创业准备

绿领创客在准备创业前，要对创业环境有所了解，尤其要对国家和各地方政府的相关政策十分熟悉。我们不妨来看看浙江的"千万工程"。

一、浙江"千万工程"

时光追溯到 2003 年，浙江省委、省政府作出重大决策：坚定不移实施"千村示范、万村整治"工程。具体目标为：从 2003 年至 2007 年，建成"全面小康建设示范村"1000 个以上，完成村庄整治 10000 个左右；从 2008 年至 2012 年，以垃圾收集、污水治理等为重点，从源头上推进农村环境综合整治；从 2013 年到 2015 年，全省 70% 的县达到"美丽乡村"目标。在"千万工程"实施过程中，浙江把整治村庄和经营村庄结合起来，把改善村容村貌与发展生产、富裕农民结合起来，把村庄整治过程变成开发利用乡村特色优势资源、发展特色产业的过程，让更多的村庄成为充满生机活力和特色魅力的富丽乡村。

"千万工程"是浙江"绿水青山就是金山银山"理念在基层农村的成功实践。"千万工程"造就万千美丽乡村，使浙江率先走向乡村振兴。生态环境改善、乡村旅游勃发、创新创业火热，从美丽生态到美丽经济，再到美丽生活，"三美融合"下的浙江乡村生机勃勃。

二、创客出征

越来越多有理想、有情怀的青年创客投身乡村。绿领创客们来自四面八方，各有目标抱负。有人想改变乡村的落后面貌，有人看中了乡村蕴藏的潜力与空间，有人只是基于对故土的眷恋。不管是在外多年的打工者、刚毕业的大学生，还是已经在大城市站稳脚跟的城里人、本地的原住民，作为绿领创客，他们都怀着满腔热情，带着积攒多年的积蓄，想在广袤的农村市场找到属于自己的一席之地，想成为推动农村经济发展的人。他们带去了新的理念与技术，盘活了乡村的产品与资源，也重塑了乡村的生态、文化与产业价值。

理想丰满，现实骨感。一方面，不管这些绿领创客的初衷是什么，事实情况是有不少返乡创业的年轻人，虽然有过在企业打工的经历，但是缺少创新创业必备的知识储备、技能和经验，且没有经验丰富者为其提供创业指导和借鉴。他们可能空有一腔热血，却并不知道自己可以做什么、怎么做，由此惨遭失败。

而另一方面，乡村的市场规模和消费能力有限，乡村创业的最终目标，是把小而美的产品输入城市，同时用独特的文旅资源把城里人吸引过来消费。因此，绿领创客不仅要"沉下去"，还要"走出来"，成为城市与乡村之间双向沟通的引领者、服务者。与激烈残酷的城市创业相比，乡村创业的创新空间、发展空间要宽广一些，但其风险与失败率仍不容低估，政府部门同样要加强政策扶持，做好保障服务。乡村创业，没有情怀是不行的，仅有情怀也是不够的。政府、创客、村民都要找到自己的定位，担起自己的责任使命，让更多人回归田园、在乡村找到广阔空间，也让乡村更多地连接城市、融入城市。

农业强不强，农村美不美，农民富不富，决定着小康社会的成色和社会主义现代化的质量。实施乡村振兴战略，要推动乡村产业振兴，推动乡村人才振兴，推动乡村文化振兴，推动乡村生态振兴，推动乡村组织振兴，统筹兼顾，科学推进。

接下来，我们将结合浙江"千万工程"中的经典成功案例，展示创新创业活动的各环节要领，提高绿领创客的成功率（见图1-1）。我们将从绿领创客返乡创业寻找项目入手，向绿领创客传递创新创业知识和技能，打造成功返乡创新创业项目。

图1-1 "千万工程"造就万千"美丽乡村"

三、创客困境

（一）存在的问题

无论是绿领创客还是农创客，都面临着一些问题。

1. 资金问题：创客们需要投入大量资金，用于土地租赁、设备采购、人工费用等方面。

2. 知识问题：对于不具备农业相关专业知识的创业者来说，他们需要花费时间学习和理解相关知识，然后才能开展创业活动。

3. 人力资源问题：招聘合适的员工对于创客们来说是一个大问题，毕竟农业生产需要由掌握一定技能的人完成。

4. 市场问题：创客们的农产品需要进入市场销售，而市场竞争非常激烈，需要花费一定的时间和精力来解决市场问题。

5. 耕地问题：现在耕地资源越来越少，市场价值也越来越高，很多创客很难找到合适的土地来开展他们的创业活动。

（二）解决的对策

1. 了解农村情况

创客们首先要了解农村的情况，包括经济发展状况、人口结构、文化习俗、环境保护等。只有了解这些情况，才能更好地创新和创业，为当地经济发展做出贡献。

2. 学习相关知识和技能

创客们需要具备一定的知识和技能，例如农业生产技术、电商销售技能、环境保护知识等。这些知识和技能可以通过自学、参加培训课程、请教专业人士等方式获得。

3. 找到创业机会

创客们需要积极寻找创业机会，例如开办特色小吃店、种植有机蔬菜、发展乡村旅游等。在寻找创业机会的同时，还需要考虑市场需求和当地资源优势，制订切实可行的创业计划。

4. 筹集资金

创业需要资金支持，创客们需要积极寻找资金来源。可以通过银行贷款、政府创业扶持、亲友支持等方式获得资金。

5. 注重环境保护

对于绿领创客和农创客来说，环境保护是必不可少的。要注重生态保护和可持续发展，通过种植树木、垃圾分类等方式保护环境，同时也可以为自己的创业项目增加独特的卖点。

6. 发展团队

在创业过程中，创客们需要与各方面的人士合作，例如农民、政府、企业等，需要发展一个强大的团队，共同推进创业项目的发展。

7. 持续学习和改进

创业不是一件容易的事情，创客们需要不断学习创业知识和改进自己的创业理念。可以通过各种方式获取反馈意见，及时调整自己的创业方向和策略，保持竞争力。

四、了解创业

那么什么是创业，又如何寻找合适的项目呢？我们需要从创业的概念说起。

（一）创业的定义

狭义的创业就是创建新企业的过程，而广义的创业则包括各种企业和其他非营利组织或公共部门内部的创业过程。通常人们多采用狭义的概念。

综合各种观点，我们将创业定义为：创业是指承担风险的创业者，通过寻找和把握商业机会，投入已有的技能知识，配置相关资源，创建新企业，为消费者提供产品和服务，为个人和社会创造价值和财富的过程。

这个概念包括几层含义：

1. 创业是一个创造的过程，创业者要为此付出努力和代价；

2. 创业的本质在于对机会的商业价值的发掘与利用，即要创造或认识到事物的商业用途；

3. 创业的潜在价值需要通过市场来体现，即市场是实现财富的渠道；

4. 创业以追求回报为目的，回报包括个人价值的满足与实现、知识与财富的积累等。

那么创业又包含哪些要素呢？

创业要素包括创业者、商业机会、技术、资金、人力资本、组织、产品、服务等。

1. 创业者是在创业过程中处于核心地位的个人或团队，是创业的主体。创业者在创业过程中起着关键的推动和领导作用，其主要工作包括识别商业机会、创建企业组织、开发新产品、获取和有效配置资源、开拓新市场等。创业者的素质和能力是创业成功的第一要素。

2. 商业机会是创业过程中的核心，创业者从发现和识别商业机会开始创业。商业机会指没有被满足的市场需求，是市场中现有企业留下的市场空缺。它意味着顾客能得到比当前更好的产品和服务。

3. 技术是决定产品的重要基础。产品中的技术含量是企业满足社会和市场需求的支持保障，是企业的核心竞争力。资源是组织中的各种投入，包括各种人、财、物。资源不仅指有形资产，如厂房、机器设备，也包括无形资产，如专利、品牌；不仅包括个人资源，如个人技能、经营才能，也包括社会网络资源，如信息、权力影响、情感支持、金融资本。

4. 资金对于处在不同发展阶段的企业来说都是非常重要的。在企业快速发展时期，资金的缺口将直接限制企业的发展壮大；而在创业之初，企业主要靠自筹资金，符合一定条件的创业者，将有可能获得一定的政府扶持资金。

5. 人力资本是创业的重要资源投入。创业成功的关键在于创业者懂得识人、留人、用人。形成创业的核心团队，制定有力的政策制度和有效的组织结构，建立良好的企业文化，是建立人力资本的核心。

6. 组织是协调创业活动的系统，是创业的载体，是资源整合的平台。创业型组织的显著特征是拥有创业者的强有力领导和缺乏正式的结构和制度。从广义来说，创业型组织是以创业者为核心形成的关系网络，不仅包括新设组织内的人，还包括这个组织之外的人或组织，如顾客、供应商和投资人。

7.产品是创业者为社会创造的价值。它既是创业者成功的必要条件，也是创业者对社会的贡献。正是通过为社会提供更多更好的产品，使人类社会的财富日益增多，人们的生活变得丰富多彩，一代代创业者才能成为受世人追捧的亿万富豪。

创业就是具有创业精神的创业者、商业机会、技术、资金、人力资本等资源相互作用、相互配置，以创造产品的动态过程。

（二）创业精神

事实上，绿领创客们除了知道创业是什么，还需要具备相应的创业精神。创业精神是创业的核心与灵魂。创业精神最初来自新建企业，但不限于新建企业，百年企业青春常在就是创业精神在起作用。

人们常用不同的词语描绘创业精神，如创新精神、合作精神、冒险精神、敬业精神、自强不息、百折不挠等。在新时代，创业精神又加进了时代精神、社会责任感、奉献、事业荣誉感、二次（甚至多次）创业的勇气、艰苦奋斗的作风、至诚至信、开放的心态、宽容的胸怀等。

实际上，创业精神在内在层面是一种思维方式；在外在层面是发现和把握机会，并且创造价值的行为。

创业精神的载体是人，最具创业精神的是创业者（企业家），企业家与创业精神密不可分。从学者们对企业家的研究可以看出，企业家所承担的角色，从投机、套利、冒风险到创新，是一个不断发展和丰富的过程。创业精神不单是投机与冒风险，更重要的是把握机会和不断创新，通过企业家的创业和创新活动，推动社会和经济不断发展。

因而，绿领创客要明白，要会发现和把握商业机会，无论创业初期如何受各种资源的制约，都能努力通过创新与创业，从无到有地创造和建立某些事物，以满足社会需求，进行价值创造，这就是一种创业精神。

第二章

创新思维勤拓展

通过本章内容，绿领创客可以对创新和创新思维有理性的认识，了解创新与创业的关系、创新型人才应具备的素质及突破创新思维障碍的方法。更重要的是，绿领创客要掌握培养创新思维的方式方法，并能够通过训练，提高创新思维能力，促进创新成果的实现。

第一节 什么是创新

一、创新的定义

"创新"一词起源于拉丁语，其本义有三层含义：第一，更新；第二，创造新的东西；第三，改变。创新是人类特有的认识能力和实践能力，是人类主观能动性的高级表现形式，是推动民族进步和社会发展的不竭动力。

美国哈佛大学教授约瑟夫·熊彼特在1912年第一次把"创新"引入了经济领域。熊彼特认为：所谓"创新"就是要"建立一种新的生产函数"，即"生产要素的重新组合"，把一种从来没有的生产要素和生产条件引进生产体系，以实现对生产要素或生产条件的新组合；作为资本主义灵魂的企业家的职能就是实现创新，引进新组合；所谓"经济发展"就是指整个资本主义社会不断地实现这种新组合，或者说资本主义的经济发展就是不断产生新组合的结果；而这种新组合的目的是获得潜在的利润，即最大限度地获取超额利润。周期性的经济波动正是起因于创新过程的非连续性和非均衡性，不同的创新对经济发展产生不同的影响，由此形成时间不一的经济周期。资本主义只是经济变动的一种形式或方法，它不可能是静止的，也不可能永远存在下去。当经济进步使得创新活动本身降为"例行事物"时，企业家将随着创新职能减弱、投资机会减少而消亡，资本主义将不能再存在下去。因此，他提出，创新是资本主义经济增长和发展的动力，没有创新就没有资本主义的发展。

熊彼特还进一步明确指出了创新的五种情况。

1. 采用一种新的产品——也就是消费者还不熟悉的产品，或一种产品的一种新的特性。

2. 采用一种新的生产方法，也就是在有关的制造部门中尚未经过经验鉴定的方法。这种新的方法不需要建立在新的科学发现的基础之上，并且，可以存在于在商业上处理一种产品的新的方式之中。

3. 开辟一个新的市场，也就是有关国家的某一制造部门以前不曾进入的市场，不管这个市场以前是否存在过。

4. 掠取或控制原材料或半制成品的一种新的供应来源，不管这种来源是已经存在的，还是第一次被创造出来的。

5. 实现任何一种工业的新的组织，比如造成一种垄断地位（例如通过实现"托拉斯化"），或打破一种垄断地位。

后来，人们将他这段话归纳为五个创新，依次对应产品创新、技术创新、市场创新、资源配置创新、组织创新。而这里的"组织创新"也可以被看成部分的制度创新，当然仅仅是初期的、狭义的制度创新。

综合来讲，创新是指人们为了发展需要，运用已知的信息和条件，突破常规，发现或制造某种新颖的、独特的、有价值的新事物的活动。创新的本质是突破旧的思维定式；创新的核心是创造性思维。创新是人与生俱来的一种能力，同时也是可以在后天靠培训而重新激发和提升的一种能力。

二、创新的分类

提起创新，绿领创客们往往联想到技术创新和产品创新。其实，创新的种类远不只这些。创新主要有思维创新、产品创新、技术创新、组织与制度创新、管理创新、营销创新、商业模式创新等。

（一）思维创新

思维创新是一切创新的前提，任何人都不应该局限于自己固有的思维。若思维成定式，就会严重阻碍创新。有些部门或者企业提出"不换脑筋就换人"，正体现了这个道理。很多创业企业不断招募新的人才，其重要原因之一就是希望这些新人能带来新观念、新思维，不断创新。

（二）产品创新

对于创业者来说，产品要经常创新。从最早的固定电话、传呼机、小灵通、大哥大，到现在的各种各样的智能手机，我们的通信工具有了迅猛发展，智能手机就是在一次次的更新换代中，让消费者有了更好的体验。年轻人喜欢的饮料品牌蜜雪冰城，最初的创新之处就在于推出了芝士口味的冰淇淋。这一独特口味，让许多消费者感到意外，同时也使品牌迅速崛起。随后，蜜雪冰城又推出了日系风格的冰淇淋口味，引得消费者纷纷驻足品尝。这些新口味的冰淇淋产品不仅是创新，而且品质上乘，使得蜜雪冰城的品牌受到了更多的关注。

（三）技术创新

技术创新，指生产技术的创新，包括开发新技术，或者对已有的技术进行应用创新。科学是技术之源，技术是产业之源，技术创新建立在发现科学道理的基础之上，是创业企业竞争优势的重要来源、可持续发展的重要保障。认识技术创新的本质、特点和规律，是实现技术创新的重要前提。[1]

（四）组织与制度创新

典型的组织与制度创新是通过改变和培养员工态度、价值观，实现组织的变革和创新。组织与制度创新主要有以下三种形式。

以组织结构为重点的变革和创新，如重新划分或合并部门，改造流程，改变岗位及岗位职责，调整管理幅度等。

以人为重点的变革和创新，即改变员工的观念和态度，进行知识的变革、态度的变革、个人行为乃至整个群体行为的变革。

以技术和任务为重点，即将任务重新组合分配，更新设备，创新技术，从而达到组织创新的目的。

---

[1] 陆雄文 . 管理学大辞典 [M]. 上海：上海辞书出版社，2013.

（五）管理创新

管理创新是指企业把新的管理要素（如新的管理方法、新的管理手段、新的管理模式等）或要素组合引入企业管理系统，以更有效地实现组织目标的活动。

一般来说，管理创新包含四个阶段。

1. 对现状的不满。在几乎所有的案例中，管理创新的源头都是对公司现状的不满，或是公司遇到危机，或是商业环境变化，如新竞争者出现形成战略性威胁，或是某些人对操作性问题产生抱怨。

2. 从其他来源寻找灵感。管理创新者的灵感可能来自其他社会体系的成功经验，也可能来自那些未经证实却非常有吸引力的新观念。

3. 创新。管理创新人员将各种不满的要素、灵感及解决方案组合在一起，组合方式通常并非一蹴而就，而是重复、渐进的，但多数管理创新者都能找到一个清楚的推动事件。

4. 争取内部和外部的认可。与其他创新一样，管理创新也有风险巨大、回报不确定的问题。很多人无法理解创新的潜在收益，或者担心创新失败会对公司产生负面影响，因而会竭力抵制创新。在实施之前，我们的确很难准确判断创新的收益是否高于成本。因此，对于管理创新人员来说，一个关键就是争取他人对管理创新的认可。

（六）营销创新

营销创新是指营销策略、渠道、方法、广告促销策划等方面的创新，例如事件营销就属于营销创新。事件营销是企业通过策划、组织和利用具有新闻价值、社会影响及名人效应的人物或事件，吸引媒体、社会团体和消费者的兴趣与关注，以求提高企业或产品的知名度、美誉度，树立良好品牌形象，并最终促成产品销售的手段和方式。简单地说，事件营销就是通过把握新闻的规律，制造具有新闻价值的事件，并通过具体的操作，让这一新闻事件得以传播，从而达到广告的效果。例如，李宁公司就是借助关于新疆棉的新闻表示李宁会一直使用新疆棉，新疆始终都是李宁生产制造中的重要原材料供应地之一，且李宁会一直将"新疆棉"几个大字写在自己衣服的标签上。这一次事件营销得到了众多消费者的认可，李宁亦提升了自身产品的销量。

（七）商业模式创新

商业模式创新是企业价值创造的基本逻辑的变化，即把新的商业模式引入社会生产体系，并为客户和自身创造价值。例如，阿里巴巴凭借对电子商务模式的不断创新，成为中国乃至世界最大的电子商务企业。

三、创新与创业的关系

从关系上来说，创新与创业是一对名副其实的"孪生兄弟"。一方面，创新活动能够为创业者拓展更宽的创业领域，创造更多的创业机会。另一方面，创业活动又能够为创新提供实践和经验，从而推动创新活动的进一步发展。以目前在我国蓬勃发展的"互联网＋"为例，"互联网＋"就是充分发挥互联网在社会资源配置中的优化和集成作用，将互联网的创新成果深度融合于社会经济各领域之中，全面提升全社会的创新力。与此同时，网络创业和网上就业也极大地改变了传统的创业和就业模式，成为大众创业万众创新的重要领域。比如，国内最大的网络交易平台阿里巴巴，仅其带动的直接就业和间接就业人数就超过 2000 万人。

虽然创新与创业是两个不同的概念，但是两个范畴之间存在着本质上的契合，以及内涵上的相互包容和实践过程中的互动发展。

（一）创新是创业的基础，创业推动着创新

从总体上说，一方面，科学技术、思想观念的创新，促进人们物质生产和生活方式的变革，带来新的生产、生活方式，进而为整个社会不断地提供新的消费需求，这是创业活动之所以源源不断的根本动因。另一方面，创业在本质上是人们的一种创新性实践活动。无论是何种性质、类型的创

业活动，它们都有一个共同的特征，那就是创业是主体的一种能动的、开创性的实践活动，是一种高度的自主行为。在创业实践的过程中，主体的主观能动性将会得到充分的发挥和张扬，这种主观能动性充分体现了创业的创新性特征。

（二）创新是创业的本质与源泉

熊彼特曾提出："创业包括创新和未曾尝试过的技术。"创业者只有在创业的过程中具有持续不断的创新思维和创新意识，才可能产生新的富有创意的想法和方案，才可能不断寻求新的模式、新的思路，最终获得创业的成功。

（三）创新的价值在于创业

从一定程度上讲，创新的价值就在于将潜在的知识、技术和市场机会转变为现实生产力，实现社会财富的增长，造福于人类社会。而实现这种转化的根本途径就是创业。创业者可能不是创新者或发明家，但必须具有发现潜在商机的能力和敢于冒险的精神；创新者也并不一定是创业者或企业家，但创新的成果是经由创业者转化为生产力，推向市场，并实现潜在的价值市场化的。这也从侧面体现了创新与创业的关联性。

（四）创业推动并深化创新

创业可以推动新发明、新产品、新服务不断涌现，创造出新的市场需求，进一步推动和深化各方面的创新，因而也就提高了企业甚至整个国家的创新能力，推动了经济的增长。

绿领创客要明白，基于创新的创业，可以使项目更具竞争力，更有可能产生超额利润或潜在的超额利润。

第二节　创新思维

自古以来，人类的创新推动着社会的进步和发展。如今，创新正以史无前例的步伐演进。从党的十九大提出"创新是引领发展的第一动力"，到党的二十大报告55处提到"创新"，足以证明，全面建设社会主义现代化国家"必须坚持科技是第一生产力、人才是第一资源、创新是第一动力"。我们党对创新的理论认识不断深化，对创新引领经济社会发展的路径选择更加明确。

唯创新者进，唯创新者强，唯创新者胜。绿领创客需要用创新的思维和方法来重新审视市场，并选择合适的创业项目。当前，新一轮科技革命和产业变革深入发展。在激烈的国际竞争中，绿领创客要明白，把创业企业明确为创新的主体，是实现经济高质量发展，实现中华民族伟大复兴的必然要求。

一、创新思维的内涵

地球上有生命体已有35亿年，人类是最后出现，却最先征服地球的动物。思维是人类认知世界的一种复杂的精神活动。这种认知过程和感觉、知觉相比，具有很强的自动性和主观性，是基于客观事物和主观经验对事物进行认知的过程。思维和感觉、知觉一样，是人脑对客观事物的反映。但一般来说，感觉和知觉是对事物的直接反映，而思维是在对客观事物进行概括的基础上，在经验的基础上，对事物进行认识的过程。创新思维，就是指人们在创造具有独创性成果的过程中，对事物的认识活动。

创新思维是创新的核心，是人类运用理性思维在认识世界和改造世界过程中于思维形态领域进行的一种具有开拓性的活动。这种开拓性活动集中于人类对自然、社会和自身发展的新认知。它既可以包括以对原有认识的再认识为主要内容和以优化原有理论为目标的理论创新，也可以包括以对实践过程中出现新问题的新解答为主要内容和以提出新理论为目标的实践创新。

二、创新思维的概念

物体有保持原有运动状态的性质，这在物理学上被称为惯性。人的思维也是如此，总是沿着前人已经开辟的思维道路去思考问题，我们称之为惯性思维。与惯性思维相对应的就是创新思维。

创新思维，亦称创造性思维，是以感知、记忆、思考、联想、理解等能力为基础，以综合性、探索性和求新性为特征的高级心理活动。

通过这种思维，人们能突破常规思维的界线，以超常规甚至反常规的方法、视角去思考问题，提出与众不同的解决方案，从而产生新颖的、独到的、有社会意义的思维成果。吉利集团董事长李书福曾经说过："什么叫创新，就是人家都反对你，而你还坚持去做。如果你和大家的观点一致，这叫创新吗？"

三、创新思维的主要形式

（一）逻辑思维

逻辑思维是指在人们已经掌握的各种知识、原理和规律基础上形成概念，并以此判断、验证现实的一种思维方式。

逻辑思维是一种能够根据分析或推导得出结论的思维技能，它和通常理解的分析思考不同，是一个综合性的判决过程。此外，由于其综合的特性，逻辑思维也可以被应用于不同的领域。如今，随着社会的发展，越来越多的人开始重视逻辑思维能力，因为它可以帮助我们对外界问题进行深入推理，并形成客观判断。

运用逻辑思维时，有几个关键步骤需要注意。首先，要分析问题的具体情况，包括问题的背景、时间、地点、人物等，以及它们之间的关系；其次，仔细分析问题和给出的资料，以找出更多线索和可能性，在此基础上进行思考，仔细推敲；最后得出结论。

另外，在进行逻辑思维分析的过程中，也要注意识别常用的概念，如"因果关系""转折""逻辑推理"等，以避免误解问题所涉及的内容，并能够更加准确地推理出结论。

（二）灵感思维

所谓灵感思维是指在艰苦和长期的努力之后，突然借助直觉领悟到事物的本质和规律的一种思维方式。灵感思维有偶然性、突发性、创造性等特点。灵感是新东西，即过去从未有过的新思想、新念头、新主意、新方案、新答案。灵感思维是三维的，它产生于大脑对接收到的信息的再加工，储存在大脑中沉睡的潜意识被激发，即凭直觉领悟事物的本质。[①]

由于这种创新思维方式具有转瞬即逝的偶发性，所以，要善于抓住这种稍纵即逝的灵感思维，对此进行深入思考和研究，以促进新生事物的应运而生和疑难问题的解决。

现代科学研究表明，灵感是大脑的一种特殊技能，是思维发展到高级阶段的产物，是人脑的一种高级的感知能力。正如著名科学家钱学森所说："我认为现在不能以为思维仅有逻辑思维和形象思维这两类，还有一类可称为灵感。也就是人在科学和文艺创作的高潮中，突然出现的、瞬息即逝的短暂思维过程。它不是逻辑思维，也不是形象思维，这两种思维持续的时间都很长，以致人们所说的废寝忘食。灵感时间极短，几秒钟而已。总之，灵感是又一种人们可以控制的大脑活动，又一种思维，也是有规律的。"

（三）联想思维

所谓联想思维是由一事物的概念、方法和形象想到另一事物的概念、方法和形象的一种思维方式。通俗地讲，联想一般是由某人或者某事而引起的相关思考，人们常说的"由此及彼""由表及里""举一反三"等就是联想思维的体现。[②]

---

① 滑钧凯 . 纺织产品开发学 [M]. 北京：中国纺织出版社 , 1997.
② 董仁威 . 新世纪青年百科全书 [M]. 成都：四川辞书出版社 , 2007.

1. 时间上或空间上的接近都可能引起不同事物之间的联想。比如，当你遇到老师时，就可能联想到他过去上课的情景。

2. 由外形、性质、意义上的相似引起的联想。如由照片联想到本人等。

3. 由事物间的对立关系或存在的某种差异而引起的联想。其突出的特征就是悖逆性、挑战性、批判性。

4. 由两个事物存在因果关系而引起的联想。这种联想往往是双向的，既可以由起因想到结果，也可以由结果想到起因。联想思维在形象胚芽的形成和发展中有时起着"触媒"的作用。联想一经发生，胚芽便立时形成，迅速生长发育，形成形象。联想思维始终不会离开思维对象的感性的形象的形式。它是能动的，却不是纯主观性的；是自由的，却不是任意性的。不论作者自觉或不自觉，联想思维总是受着客观对象、写作对象本身的规定和制约，因此它必然地指向一定的方向。①

例如，在早先研究潜艇的潜行速度时，人们发现潜艇的潜行速度很难提高，由此人们联想到了游得极快的海豚，究竟是什么原因使海豚有那么快的游泳速度呢？研究发现，关键之一就在于海豚皮肤的双层管状特殊结构。于是，人们便将双层管状结构移植到潜艇上，果然大大提高了潜艇的潜行速度。类似的还有游泳运动员穿着的泳衣，模仿的是鲨鱼皮材质等。

（四）发散思维

所谓发散思维，又称"辐射思维""放射思维""多向思维"，是以某一问题为中心，沿着不同方向、不同角度，向外扩散，寻求多个答案的一种思维方式。不少心理学家认为，发散思维是最重要的创新思维之一，是衡量创造力的主要标志之一。

发散思维的产生可以有多种方式：

材料发散法——以某个物品尽可能多的材料为发散点，设想它的多种用途；

---

① 阎景翰. 写作艺术大辞典 [M]. 西安：陕西人民出版社，1990.

功能发散法——从某事物的功能出发，构想出获得该功能的各种可能性；

结构发散法——以某事物的结构为发散点，设想出利用该结构的各种可能性；

形态发散法——以事物的形态为发散点，设想出利用某种形态的各种可能性；

组合发散法——以某事物为发散点，尽可能多地把它与别的事物进行组合，形成新事物[①]；

方法发散法——以某种方法为发散点，设想出利用该方法的各种可能性；

因果发散法——以某个事物发展的结果为发散点，推测出造成该结果的各种原因，或者由原因推测出可能产生的各种结果。

例如，绿领创客们，试着列举一下红砖的用途。

从砖头的重量：镇纸、凶器、砝码、哑铃等。

从砖头的固定形状：尺子、多米诺骨牌等。

从砖头的颜色：在地上当笔来写字作画、做颜料等。

从砖的硬度：凳子、锤子、支书架、磨刀等。

从红砖的化学性质（如吸水）：在砖上制成自己的手、脚印，形成工艺品留念。

事实上，发散思维不仅需要各绿领创客用上全部大脑，有时候还需要用上身边的无限资源，集思广益。集体发散思维可以采取不同的形式，每个创客不论可能性地说出自己的想法，只要自己能说通了，就可以被大家认同，而且被采纳，最后总结出结论，这种方法就是"头脑风暴"。

（五）逆向思维

所谓逆向思维是指从问题的反面去思考解决方法的思维方式，也叫作

---

① 　郭石川，赵莉. 星级发散思维训练 [M]. 上海：少年儿童出版社，2009.

"反向思维""求异思维"等。它是对司空见惯的似乎已成定论的事物或观点反过来思考的一种思维方式。人们习惯于沿着事物发展的正方向去思考问题并寻求解决办法，其实，对于某些问题，尤其是一些特殊问题，从结论往回推，倒过来思考，从求解回到已知条件，或许会使问题简单化。

这道经典的农夫遗产的分配题，绿领创客们可以试试。

从前有个农夫，死后留下了一些牛，他在遗书中写道：妻子得全部牛的半数加半头；长子得剩下的牛的半数加半头，正好是妻子所得的一半；次子得剩下的牛的半数加半头，正好是长子的一半；长女分得最后剩下的半数加半头，正好等于次子所得牛的一半。结果一头牛也没杀，也没剩下，请问农夫总共留下多少头牛？

解这道题最好是倒过来想，倒过来算。

长女既然得到的是最后剩下的牛的半数再加半头，结果1头都没杀，也没有剩下，那么，她必然得到的是——1头。

次子：长女得到的牛是次子的一半，那么，次子得到的牛就是长女的2倍——2头。

长子：次子得到的牛是长子的一半，那么，长子得到的牛就是次子的2倍——4头。

妻子：长子得到的牛是妻子的一半，那么，妻子得到的牛就是长子的2倍——8头。

把4个人得到的牛的头数相加，1+2+4+8=15（头），可见，农夫留下的牛有15头。

从某种角度而言，绿领创客要明白，创新源于自我淘汰。在创业过程中，存续与变革永远是一对相辅相成的矛盾，因为今天要变革的，就是曾经由创业者和员工一手一脚创造的昨天的辉煌，以及今天仍然维持着组织存在的东西。创新就是不断创造新产品，淘汰老产品，使成功的新产品尽快进入市场，形成新的市场和产品标准。

我们小学时代学过的一篇语文课文《司马光》，其实提到的就是逆向思维。有人落水，常规的思维模式是"救人离水"，而司马光面对紧急险情，运用了逆向思维，果断地用石头把缸砸破，"让水离人"，救了小伙伴性命。

四、创新思维的主要特征

（一）独立性

所谓创新思维的独立性就是与众人、前人不同，独具卓识。这是因为创新思维所要解决的问题是没有现成答案的，不能照搬常规、传统方法来处理，需要有新颖独特的思维。

独立性体现为思维中的怀疑因子：对司空见惯、完美无缺的质疑；力破陈规、锐意进取，勇于向旧的习惯传统进行挑战。

（二）联动性

这里的联动性是由此及彼，联动过程要有想象的参与。想象是创造之母，它能结合以往的知识与经验，在头脑中形成创造新形象，把观念的东西形象化，从而使创造活动顺利展开。其形式有纵向联动、逆向联动、横向联动三种：纵向联动，发现一种现象后能对其进行深入研究，穷根究底；逆向联动，由一种现象想到其反面；横向联动，由一种现象联想到与之相似、相关的事物。

（三）多向性

多向性要求从不同的角度想问题。追求目标要执着，但我们不赞成执着于某种思维。多向思维依赖于多种机制：发散机制，对同一问题可提出多种设想答案，即发散思维能力；换元机制，灵活地变换影响事物质和量的众多因素中的某一个，从而产生新的思路；转向机制，思维在一个方向受阻后马上转向另一方向；创优机制，寻找最优答案。

（四）综合性

创新是一种探索性的活动，从问题的发现、提出到解决，整个过程势必包含许多曲折反复，因而也一定有多种思维方式的参与：既有知觉的洞察和灵感的闪现，又有想象的驰骋和类比的启迪，更不乏演绎与归纳、发散与集中、假象与试探。只有突破刻板思维的约束，综合灵活地运用多种创造性思维方法，才会有非同寻常的创造。

第三节　创业思维

绿领创客需要明白的是创业与创新并不是完全等同的概念，有些创业活动主要是在模仿甚至复制别人的产品、服务和经营模式，自身并没有什么创新。这样的例子很多，因为创业更侧重的是财富创造，更加关注市场和顾客。创业更注重商业化过程，可以表现为创新并使之商业化，也可以表现为模仿并商业化。基于创新的创业活动更容易形成独特的竞争优势，也更容易为顾客创造和带来新的价值，进而实现更好的成长。

一、创业思维的定义

所谓创业思维，是指如何利用不确定的环境创造商机的思考方式。效果逻辑和精益创业衍生出的创业思维是一种行动导向的方法，体现了实用主义的哲学思想，对于创业者具有重要指导作用。其内容包括：利用手头资源快速行动；根据可承受损失而不是预期收益采取行动；小步快走，多次尝试；在行动中不断吸引更多的人加入进来；把行动中的意外事件看成好事；把激情当成行动的动力。

创业思维其实是指一种不等不靠，遇到大的困难不想把命运交到别人手里，依靠自己的优势和能力，去改变环境、创造价值的一种思考和处理问题的方式。特别是社会变革的环境、平等竞争的环境，最适合有创业思维的人生存。

二、创业思维的内容

想要成为一名成功的绿领创客，具备这些创业思维，可以让创业成功率大大提升。

（一）成本概念

这里的成本主要指的是技术、能力、时间与金钱。创业的基础在于成本，在创业之前一定要仔细核算成本，对选择的项目进行深入分析，然后预测投入成本的回报。

（二）风险意识

所有投资都是有风险的，对创业来说同样如此。在现实中生意做得越大，风险也会越大。如果其中任何一个小环节出现差错，就很有可能会导致满盘皆输。因此，创业人员一定要具备风险意识，同时也要有强大的抗压能力。

（三）创新精神

很多绿领创客之所以能获得成功，往往是因为他们能够打破传统，突破原有的行为模式和思维模式，找到新的方式方法。对于做产品来说，创新思维都是创业者最难能可贵的思维模式。

（四）契约精神

做任何创业项目都要守信，严格遵循契约精神。一旦失去契约精神，就直接宣告了创业失败。如果丧失契约精神，虽然在短期之内可能会积累很多财富，但是时间长了之后，就无法在该领域立足，严重的还会身败名裂、倾家荡产。

以上都是创业思维的具体内容，绿领创客想要创业成功就必须拥有这些创业思维，利用创业思维去合理支配资源。

（五）客户思维

想要把创业工作做好，绿领创客需要具备客户思维，站在客户的角度思考问题，知道如何去找到客户，并懂得如何去维护客户，做好客户关系管理。

（六）团队思维

创业往往不是一个人的单打独斗，绿领创客只有拥有一个专业的团队，才能把后续工作开展得更好。

（七）整合思维

绿领创客还需要有效整合身边的各种资源。需要明白的是，只有将多种创新模式组合起来，才能使竞争对手无法轻易地发现或者模仿，带来更大的效果。

（八）忧患思维

创业如逆水行舟，绿领创客如果没有忧患意识，往往就会使得工作的开展停滞不前，时间长了容易被残酷的市场竞争所淘汰。

（九）借力思维

创业很多时候不是埋头苦干，绿领创客要学会借力，找到更有效的方法。

事实上，很多创业成功的人士，或多或少都经历过迷茫和失败，而正是这些经历让他们养成了优秀的创业思维。因此，绿领创客需要用创业思维来考虑问题：是从丰富乡村经济业态，发展县域经济，推进农村一、二、三产业融合发展，延长农业产业链条，发展各具特色的现代乡村富民产业角度入手，来开展创新活动，还是从推动种养加结合和产业链再造，提高农产品加工业和农业生产性服务业发展水平，壮大休闲农业、乡村旅游、民宿经济等特色产业入手，来开展各项创新活动？还有一些绿领创客，从农产品仓储保鲜和冷链物流设施建设入手，创新升级农村标准厂房等设备设施，通过"资源变资产、资金变股金、农民变股东"，让更多村民分享产业增值收益。

第四节 创新思维训练

许多著名科学家都曾对创新思维有过精彩的论述，例如爱因斯坦指出："物理学家的最高使命是要得到那些普遍的基本定律，要通向这些定律，并没有逻辑的道路；只有通过那种以对经验共鸣的理解为依据的直觉才能得到这些定律。"他还说："想象力比知识更重要，因为知识是有限的，而想象力概括着世界上的一切，推动着进步，并且是知识进化的源泉。严格地说，想象力是科学研究中的实在因素。"对任何一个人来说，创新思维是可以训练的，区别仅在于通过训练所取得的实效程度不同。对于绿领创客来说，完全可以通过坚持不懈的培养和训练增强自己的创新思维能力。

一、常见创新思维障碍

创新思维的本质在于对原有思维方式的超越，阻碍思维创新的主要因素既来自主体内部的传统观念、固定观念和思维定式，也来自主体之外的体制和文化。一般说来主要是前者，即影响创新思维的最主要障碍是存在于创新主体头脑中的传统的、固定的观念，以及思维形成的习惯和定式。

（一）传统观念和固定观念

观念是内化于人脑潜意识中的观点和认识。人们在思维过程中，反复运用某种观点、认识去思考、评价问题，久而久之，这些观点和认识被积淀到大脑深层意识之中而达到了无意识状态，这就形成了观念。观念作为思维模式的主要构成要素，对人的认识活动起着巨大的制约作用。在人脑思维加工过程中，主体对材料的选择、组织，对问题的评价、解释，很大程度上取决于观念。历史上，每种观念的产生都是以当时的实践水平和历史文化发展为基础的，因而有它产生的根据和存在的合理性。当实践向前发展了，时代向前迈进了，深藏于人们头脑中的观念则不愿随实践和时代的改变而改变，反而成为一种思维的惯性力。这时，原本适时的观念就变成了过时的观念，这种观念一般被称为传统观念。传统观念是创新思维的重要障碍，它顽强地维护着它赖以存在的实践和社会基础，反对思维对现存事物的超越。受传统观念的影响，人们会因循守旧，墨守成规，用老眼光、老办法去面对新问题。所以，传统观念是阻碍创新的重要因素，是创新的大敌。

除了传统观念，固定观念也是创新的主要障碍。所谓固定观念，是指人们在特定的领域内形成的观念。在该领域内某种观念是适用的，如果超出这个范围，它们就可能变得不再适用了。但是，由于观念在思维中的惯性作用，人们总是习惯于用固有的观念去认识、评价面对的问题，而不管这个问题是否超出了原来的领域范围。与传统观念一样，固定观念也是思维创新的主要障碍。因为在经验范围内解决那些常规性问题，是不需要思维创新的。一旦超出了原有的领域而进入一个新的领域，那么适用于原来领域的固定观念在新的领域中就只能起排斥新思想、扼杀新观念的作用。

（二）思维定式

思维是人脑的机能，人们对同一类事物和现象进行思考往往采用相同或相似的思维方式，得到相同或相似的思维结果。过去的思维结果如果被实践证明是正确的，或者被实践证明是错误的，人们将产生对这种思维方式和思维结果的记忆。以后再遇到类似事物和现象时，人们仅凭记忆就可以得到结论，这就是通常所说的思维定式。思维定式对于解决常规性问题和例行性工作具有积极意义，它可以使人们在以往经验和模式的基础上驾轻就熟，简洁、快速地对问题做出反应。然而，思维定式对于创造性地解决问题，则成为一种阻碍，它很容易造成某些主观框框，使人思路阻塞、思域狭窄，难以爆发出创新的思想火花。这便是思维定式可能导致的消极效应。

在创新过程中，应特别注意思维定式的消极影响，尽量防止或减少以往经验和模式可能产生的束缚作用。事实上，有日常生活中，绝大多数人的行为 90% 以上都是依赖思维定式思考的结果。这种思维习惯既可能成为绿领创客的良好"助手"，帮助形成正确的行为，缩短思考时间，提高效率，但也有可能成为绿领创客最坏的"敌人",把思维拖入特定的陷阱。因此,思维定式如同一把双刃剑,它有利于常规思考,却不利于创新思考,不利于创造。

二、创新思维训练

绿领创客在思考有关创新的问题时,要有意识地抛开以往思考这些问题时的习惯(思维程序和模式),敢于怀疑,敢于打破条条框框,敢于开发新思路,努力寻求创新。在日常工作生活中,不妨试试进行以下的创新思维训练。

(一)纵向思维训练(纵深思维或纵深思考)

任何事物的发展及与其他事物的联系,总是呈现纵向态势和横向态势。纵向思维同横向思维一样,都是认识事物发展,以及与其他事物相关联系的重要创新思维方式。纵向思维,通俗地讲,就是按照既定目标、方向,在现有基础上,向纵深领域深化、挖掘的一种创新思维方式。

孟子曰:"挖井九轫①而不及泉,犹为废井也。"挖9轫没有出水的是废井;而挖9.1轫出水了,甘泉涌流,这就是好井。成功往往只差那么一点。可见,这一点,常常就是成功与失败之分。须记住,任何时候都不能灰心泄气,灰心泄气就等于前功尽弃。

纵深思考的创新思维方法,不仅对我们搞好重大发明有帮助、有意义,甚至对人类社会的发展,都有不可磨灭的作用。比如,古代劳动人民从圆体容易滚动受到启发,发明了车轮,减轻了劳动强度。车轮是木制的,容易损坏,于是在一些需要坚固车轮的工具上,如炮车上,人们又以铁制车轮代替木轮。铁制车轮虽然坚固,但震动太大,于是人们又发明了轮胎,利用压缩气体的弹性及滚珠轴承,实现了车轮转动的高速、平稳。进而,人们又想,能不能不用车轮而使车子沿地面保持高速运动呢?于是,人们

---

① 九轫:9轫相当于六七丈,1丈约合3.33米。

又研制出了磁性悬浮列车。

许多对事物纵深发展的想法看起来极其大胆，甚至在当时令人感到荒诞不经，然而经过长期的实践，却成了活生生的现实。甚至可以说，科学技术和社会生活中的许多重大改革，都是以大胆的纵向思维为先导的。

（二）灵感思维训练

绿领创客可以用以下五种方式来训练灵感思维。

1. 观察分析。创新创业活动的过程自始至终都离不开观察分析。观察，不是一般的观看，而是有目的、有计划、有步骤、有选择地去观看和考察所要了解的事物。通过深入观察，可以从平常的现象中发现不平常的东西，可以从表面上貌似无关的东西中发现相似点。在观察的同时必须进行分析，只有在观察的基础上进行分析，才能获得灵感，形成创造性的认识。

2. 启发联想。新认识是在已有认识的基础上发展起来的。旧与新或已知与未知的连接是产生新认识的关键。因此，要创新，就需要联想，以便从联想中受到启发，获得灵感，形成创造性的认识。

3. 实践激发。实践是创造的阵地，是灵感产生的源泉。实践激发，既包括现实实践的激发，又包括过去实践体会的升华。各种创业成果的获得，都离不开实践的推动。在实践活动的过程中，迫切解决问题的需要促使人们去积极地思考问题，废寝忘食地去钻研探索，科学探索的逻辑起点是问题。因此，在实践中提出问题，思考问题，解决问题，是引发灵感的一种好方法。

4. 激情冲动。积极的激情，能够调动全身心的巨大潜力去创造性地解决问题。激情冲动，可以增强注意力，丰富想象力，提高记忆力，加深理解力，从而使人产生出一股强烈的、不可遏止的创造冲动，并且表现为自动地按照客观事物的规律行事。这种自动性，是建立在准备阶段里反复探索的基础之上的。这就是说，激情冲动，也可以引发灵感。

5. 判断推理。判断与推理有着密切的联系，这种联系表现为推理由判断组成，而判断的形成又依赖于推理。推理是从现有判断中获得新判断的过程。因此，在科技创新的活动中，对于新发现或新产生的物质的判断，也是引发灵感、形成创造性认识的过程。所以，判断推理也是引发灵感的一种方法。

上述几种方法，是相互联系、相互影响的。在引发灵感的过程中，不是只用一种方法，有时是以一种方法为主，交叉运用其他方法的。

（三）逻辑思维训练

运用逻辑的力量能由个别的道理推出一般的道理。人们的认识过程，总是从认识个别事物开始的，人们能从个别中概括、推理出一般。运用逻辑的力量，还能由已知的道理推导出未知的结果。

按照一定的目标，对不同排列顺序的意识进行相关性的推导，取得新的结果的过程，就是运用逻辑思维。有这样一道题。A、B、C 三个人都喜欢说谎话，有时候也说真话。某天，A 指责 B 说谎话，B 指责 C 说谎话，C 说 A、B 两个人都在说谎话。如果知道其中至少有一个人说的是真话，请问是谁在说谎话？我们运用假设排除法推理就能得出，B 说的是真话，而 A 和 C 说的都是谎话。

还可以采用归纳推理法，即从一般性较小的知识推出一般性较大的知识的推理方法。如水星、金星、地球、火星、木星、土星、天王星、海王星都以椭圆轨道公转，太阳系只有这八大行星，所以，太阳系所有的大行星都以椭圆轨道公转，这就是一个归纳推理。"路遥知马力，日久见人心""瑞雪兆丰年"，这些都是对人生经验的归纳推理。

在现实的工作中，一个问题往往有多种答案。例如，从 A 地到 B 地，路线会有好几种选择，有时距离最短的路线不一定就是最佳路线，因为还要考虑堵车、路况等因素。但在现实中，对不同的答案，我们往往难以用简单的对、错来下结论。以书法艺术为例，不同的书法家写的内容相同的字帖，很难说谁的最好，谁的不好。这种现象在现实生活中，尤其是在社会科学的实践中，是非常常见的。

逻辑思维是创造思维和创造能力产生和发展的基础。如果要进行更高级、更深刻的创造活动，取得突破性成果，占领研究方向的制高点，就必须首先掌握逻辑思维的方法。在现今社会，逻辑思维能力越来越被人所看重，它对一个人的思维方式培养及思维方式转变能力提升有着极其明显的作用。一些研究显示，这样的能力往往也与工作中的应变与创新能力密切相关。所以绿领创客平时加强这类训练，到真正用的时候，就可以得心应手，游刃有余了。

而逻辑思维的训练要点主要有以下五点：1.学习、掌握和运用科学概念、理论和概念体系；2.掌握好和用好语言系统；3.重视科学符号的学习和运用；4.与思维的基本方法密切配合运用；5.与抽象记忆法、理解记忆法及其派生的其他方法进行联合训练，可以起到互相促进的较佳效果。

（四）形象思维训练

形象思维与逻辑思维相辅相成，缺一不可，没有好坏之分。人们曾认为，科学家用概念来思考，而艺术家则用形象来思考。其实，形象思维并不仅仅属于艺术家，它也是科学家进行科学发现和创造的一种重要的思维形式。例如，电力线、磁力线、原子结构的汤姆生枣糕模型和卢瑟福小太阳系模型，都是物理学家将逻辑思维和形象思维结合在一起的产物。爱因斯坦是一个具有极强的逻辑思维能力的大师，但他反对把逻辑方法视为唯一的科学方法。例如，有一天，爱因斯坦正坐在伯尔尼专利局的椅子上，他突然想到，如果一个人自由下落，他可能感觉不到自己的体重。通过这一形象思维过程，结合逻辑的推理论证，他最终提出了著名的广义相对论。

形象思维的具体训练方法包括五个方面。

1.累积形象材料

在日常生活、娱乐活动、学习活动和社会实践活动中，应尽量掌握自然和人类活动中事物的形象，有意识地观察事物形象，广泛地积累表象材料，丰富表象储备。对世界或人类社会的事物形象掌握得越多，越有助于抽象思维，当然也有助于形象思维的训练。

2. 积极开展联想和想象活动，培养想象力

绿领创客不要束缚自己的想象，要让想象展翅高飞，任其在广阔的宇宙中遨游。中国著名的化学家侯德榜于 1932 年发明出新的制碱法，造出纯碱，从而在万国博览会上荣获金质奖章。侯德榜小时候不但读书非常刻苦勤奋，成绩优异，而且还喜欢想象。在课余时间，他经常侧身躺在福建家乡的草坡上，望着滚滚的闽江水，让自己的想象纵情驰骋，旋转不息的水车、姑母家的药碾子等，都是他想象的来源。

培养想象力，要认真做好以下几点：大量阅读文艺作品，掌握丰富的语言文字；积极参加创造活动，积累丰富的生活经验；尽量运用各类想象，培养正确的幻想；树立远大的理想。

3. 掌握知识整体学习法

先把握知识结构层次和整体框架，进而分清重点和细节部分，把握知识或事物的重点，再集中精力理解并掌握整体结构。掌握知识整体学习法，强调建构知识整体结构，有助于大脑右半球功能的发挥，能大大提高学习记忆的效果。特级教师魏书生在教语文课时，把初中 6 本书的知识大致分为 4 个部分——基础知识、文言文、文学常识、阅读和写作，进而又将其细分为 23 个知识面，进而又细分为 130 多个知识点，然后用包括主干、次干、枝干 3 个层次的知识树把它们表达出来，从总体上把握语文学科的知识系统，使学生脑有全局，重点清楚，一目了然，便于记忆。

4. 促进右脑的功能训练

（1）培养绘画意识：不仅要经常欣赏美术图画，还要动手绘画，这有助于大脑右半球的功能开发。

（2）画知识树：在学习活动中经常把知识点、知识的整体系统及其结构层次，用图表、知识树或知识图的形式表达出来，这有助于建构整体的知识结构，对大脑右半球机能的发展有益。

（3）发展空间认识：每到一地都要明确方位，分清东西南北，了解地形地貌和建筑特色，发展空间认识能力。

（4）练习模式识别能力：在认识人和事物时，要观察其特征，将特征与整体轮廓相结合，形成独特的模式，加以识别和记忆。

（5）音乐训练：经常欣赏音乐，增强音乐鉴赏能力，能促进大脑右半球功能的发展。

（6）冥想训练：经常用美好愉快的形象进行想象，如回忆愉快的往事，遐想美好的未来，想象时形象鲜明、生动，不仅使人产生良好的心理状态，还有助于右脑潜能的发挥。

（7）左侧体操：练习左侧体操有助于右脑保健。

三、创新的方法

（一）头脑风暴法

头脑风暴法，由美国 BBDO 广告公司的亚历克斯·奥斯本首创。应用该方法，价值工程工作小组人员在正常融洽和不受任何限制的气氛中以会议形式进行讨论、座谈，打破常规，积极思考，畅所欲言，充分发表看法。

一次成功的头脑风暴除了程序上的要求，更为关键的是探讨方式，以及心态上的转变，即进行充分的、非评价性的、无偏见的交流，具体而言，可归纳以下几点。

1. 自由畅谈

参加者不应该受任何条条框框限制，应放松思想，让思维自由驰骋。从不同角度、不同层次、不同方位，大胆地展开想象，尽可能地标新立异、与众不同，提出独创性的想法。

2. 延迟评判

头脑风暴，必须坚持当场不对任何设想做评价的原则。既不能肯定某个设想，又不能否定某个设想，也不能对某个设想发表评论性的意见。一切评价和判断都要延迟到会议结束以后才能进行。这样做一方面是为了防止评判约束与会者的积极思维，破坏自由畅谈的气氛；另一方面是为了集中精力先开发设想，避免把应该在后阶段做的工作提前进行，影响创造性设想的大量产生。

3. 禁止批评

绝对禁止批评是头脑风暴法应该遵循的一个重要原则。参加头脑风暴会议的每个人都不得对别人的设想提出批评意见，因为批评对创造性思维无疑会产生抑制作用。同时，发言人的自我批评也在禁止之列。有些人习惯用一些自谦之词，这些自我批评性质的说法同样会破坏会场气氛，影响自由畅想。

4. 追求数量

应用头脑风暴法的目标是获得尽可能多的设想，追求数量是它的首要任务。参加会议的每个人都要抓紧时间多思考，多提设想。至于设想的质量问题，自可留到会后的设想处理阶段去解决。在某种意义上，设想的质量和数量密切相关，产生的设想越多，其中的创造性设想可能就越多。

（二）逆向转换法

一般正向思维是沿着人们相关性的思路思考，而逆向思维是对司空见惯的似乎已成定论的事物或观点反过来思考的思维方式。逆向转换法是指，人们在思考问题时，其思路在一个方向上受阻时，便马上转向相反方向，获得创造性思维成果和创造性行动的方法。

但是在运用这种思维方式的时候必须认清事物的本质，所谓逆向不是简单的表面的逆向，不是别人说东，我们就说西，而是真正通过逆向取得独到的、科学的、令人耳目一新的超出正向思维效果的成果。坚持思维方法的辩证统一，正向和逆向本来就是对立统一，不可截然分开的，所以以正向思维为参照、为坐标进行分辨，才能彰显逆向思维的突破性。

逆向转换法有以下几种。

1. 反转型逆向思维法

这种方法是指从已知事物的相反方向进行思考，产生构思。常常从事物的功能、结构、因果关系等三个方面做反向思考。比如，市场上出售的无烟煎鱼锅就是把原有煎鱼锅的热源由锅的下面安装到锅的上面。这是利用逆向思维，对结构进行反转型思考的产物。

2. 转换型逆向思维法

这是指在研究问题时，由于解决这一问题的手段受阻，转而采用另一种手段，或转换角度思考，以使问题顺利解决的思维方法。前文所提到的司马光砸缸的故事就是一例。

3. 缺点型逆向思维法

这是一种利用事物的缺点，将缺点变为可利用的东西，化被动为主动、化不利为有利的思维方法。这种方法并不以克服事物的缺点为目的；相反，它是化弊为利，找到解决方法。例如，金属腐蚀是一种坏事，但人们利用金属腐蚀原理进行金属粉末的生产，或将其用在电镀等其他方面，都无疑是缺点型逆向思维法的一种应用。

许多人遇到问题便为其所困，找不到解决的办法，实际上，如果能换个角度看问题，有时一个看似很困难的问题也可以用巧妙的方法轻松解决。这就需要绿领创客在生活中培养这种多角度看问题的能力。

第三章

绿领创客寻商机

第一节 创业机会的寻找

创业需要机会，而机会无时不在、无处不在，关键是如何寻找和发现。一个新企业创业过程的核心就是创业机会，而新企业的创立过程则是由机会驱动的。

事实上，创业就是发现市场需求，通过投资经营企业满足这种需求的一种活动。因此，寻找、识别与评估创业机会是创办一个新企业的起点，也是创业过程中的关键点。绿领创客们在茫茫的市场经济大潮中，要想在广袤的农村市场寻找到合适的创业机会，需要具备一定的素质和能力，并掌握发现市场机会的方法。

一、创业机会的来源

（一）商业创意

所谓商业创意是指商业行为中的创新主意，也就是应用于商业中的一些点子。在大多数情况下，市场机会来自某一商业创意。商业创意主要有三类：一是新市场，即用原来的产品满足新的市场需求；二是新技术，即创造人们需要的新产品；三是新利益，即使产品质量更好，功能更多，成本或价格更低。例如，在互联网时代，互联网营销手段中的网络直播手段，给很多传统农业农村市场带来了新的发展机遇。像很多大山里的村民，通过直播带货等途径，山里山外结合，线上线下结合，把当地的农副产品带出大山，实现农文旅产业融合发展，助力乡村振兴。

（二）问题

创业的根本目的是满足顾客需求，而顾客需求在没有满足前就是问题。寻找创业机会的一个重要途径是善于发现和体会自己和他人在需求方面的问题或在生活中的难处。比如随着电商的普及，越来越多的农村人开始采用在网络平台购物的方式，但是物流的不方便、快递点的缺乏等都成为很多村民网购时碰到的困难。有些创业者发现了这些问题，利用村里的便利店、小超市等，设置快递收发站。在湖南郴州，每天下午 4 点，城乡大巴司机驾驶车辆从城里赶往 28 公里外的飞天山村，与其他车次不同的是，这趟车还多了许多村民网购的快递。"客货邮"大巴车点燃了村民的网购热潮，大到沙发、家电，小到指甲钳，位于飞天山村的快递点每天都有超过 20 件快递是当地村民网购的商品。这些都是把问题转化为创业机会的成功案例。

（三）变化

创业的机会大都产生于不断变化的市场环境。这种变化包括：产业结构变动、消费结构升级、城市化加速、人口结构变化、价值观与生活形态变化、政府政策变化、居民收入水平提高、全球化趋势等方面。例如，随着村民收入的增加，农村居民消费逐步呈现出从"生存型"向"发展型"、从"生活型"向"体验型"转变的明显特征。村民消费中在外就餐和教育等体验型的消费增长最快，这给创业者带来了新的启发。

（四）创造发明

创造发明提供了新产品，在更好地满足顾客需求的同时，也带来了创业机会。比如，无人驾驶飞机简称无人机，是利用无线电遥控设备和自备的程序控制装置操纵的不载人飞行器。无人机实际上是无人驾驶飞行器的统称。近年来逐渐开展起来的农用无人机作业在化肥施撒、农作物授粉和播种等方面，相比传统农用机械，充分显示出优势：首先，无人机播种、施肥具有精准度高、效率高的特点，将农民从繁重的植保作业中解放出来，有利于规模化生产；其次，无人机体积小巧，方便转场和运输；最后，无人机不受地形条件限制，适用性好。

（五）新知识、新技术的产生

新知识、新技术的产生带来了许多市场机会，一些环境和社会问题的变化，也都能产生巨大的商业机会。比如，清理农村的土地、空气和水，节能减排等，已成为近年人们关注的问题，这将为绿领创业者创造许多机会。一些地方开始推广智慧农业、互联网＋农业，新技术、新模式的应用推动了农村经济的升级和转型。另外，随着互联网技术和物流水平的提升，电子商务领域中也蕴含着很多商机。

（六）竞争

在运输、金融、保健、饮食、流通这些所谓的"低科技领域"，如果能弥补竞争对手的缺陷和不足，就将获得好的创业机会。例如乡村的旅游业可以走与城市的旅游业不一样的开发线路，与农业、渔业、林业相结合，结合农业休闲、渔业休闲、林业休闲产品，开发乡村美味品尝、渔村垂钓等旅游项目，不但满足游客的旅游基本需求，还可以使游客学到相关产业的一些知识。这样有教育意义的活动客观上会吸引大量的青少年客源，近年来兴起的乡村游学项目就是如此。

（七）顾客的差异

每个人的需求都是有差异的，如果我们时常关注某些人的日常生活和工作，就会从中发现某些机会。因此，在寻找机会时，应习惯把顾客分类，认真研究各类人员的需求特点，机会自现。近年来，随着人民生活水平的提升，再加上新冠疫情对大家日常生活的影响，越来越多的居民开始注重自身健康，于是就产生了一类特别推崇有机食品的消费者群体。而随着人们对健康食品的需求不断增加，生态农业就成了一个热门的领域。通过采用有机种植、无公害养殖等方式，可以生产出更加健康、环保的农产品，同时也可以获得更高的收益。

二、寻找创业机会

那么，掌握了创业机会的来源，就能找出这些创业机会吗？即使找到了，绿领创客又该如何去挖掘这些创业机会，并将其转换成创业项目呢？事实上，发现创业机会不是一件容易的事情，绿领创客一定要深入市场，进行调研，了解市场供求状况、变化趋势，考察现有产品是否能够满足顾客需求。

（一）在市场中寻找创业机会

在当今信息社会，科技发展日新月异，市场竞争日益激烈，要想在竞争中取得胜利，就必须有敏锐的眼光和聪明的才智，密切观察市场的变化，迅速捕捉商机。

1. 对熟悉的领域进行分析

如果绿领创客在企业工作或者实习过，就可以通过分析原来行业的运作情况，找出其强项与弱项，发现并试图揭示新的业务机会，创造出新的业务方向甚至是新的企业。例如，如果绿领创客之前在教育行业从事相关工作，则可以把目光转向农村地区。农村地区的教育资源相对不足，因此开设一些教育培训项目，如青年职业技能培训、青少年素质拓展培训等，可以为当地村民提供更好的教育服务，同时也可以创造就业机会。

2. 利用市场的转换

当客户群体需求在长期的意义上从一类产品转移到另一类产品上时，就能够带来新的市场机会。也就是说，市场转换将创造对新产品的需求。随着人们健康意识的提高，农村人的休闲娱乐方式不再局限于茶余饭后的棋牌类消遣，他们也开始追求健康的生活方式。例如，近年来异常火爆的"村BA"（草根篮球赛事），是由贵州省台盘村"六月六"吃新节篮球赛发展而来的赛事。该村在吃新节举办篮球赛已有几十年的传统，比赛场地设在村口球场，比赛由村民组织，参赛者以村民为主，极具乡村气息的办赛风格也赋予了这项赛事不一样的激情和意义。"村BA"启示我们，农村文化建设、村风民风滋养，绝非朝夕之功，绝非简单输入，而需要在田野上、村庄中找回文化发展的内生动力。这可以是体育，可以是艺术，可以是文学，可以是一切生长在广袤大地深处的文化的花朵。所以，在农村地区，并不是村民不需要这些创业项目，而是需要合适的、接地气的、能与当地的村里环境融合的创业项目。农村地区的健身休闲娱乐也可以成为一个个热门的创业项目，可通过在村里的大礼堂或者村民爱聚集的场所，开设一些专业健身场所，开展艺术类项目等，为当地居民提供更好的休闲娱乐服务。

3. 借助产业增长趋势

当越来越多的人对某一产业或活动感兴趣时，它就会出现增长趋势。绿领创客可以利用这种增长趋势，提供与增长产业或活动相关的产品。如随着互联网的普及，农产品电商平台已经成了农村创业的热门项目。绿领创客可以通过建立自己的电商平台，将农产品直接销售给消费者，避免中间环节的损耗，提高当地农民的收入。

4. 利用市场间隙

当所需要的产品无法获得，或消费者的需求大于目前的供应时，就会出现市场间隙或不足。对那些进入并提供这些产品的创业者而言，这就意味着存在商业机会。比如，浙江本地水果杨梅是一种季节性很强且较难长时间储存的水果，其销售季节非常短暂。而且由于杨梅保质期短，不容易运输，传统的销售渠道一直十分不畅。有些绿领创客由此看到了商机，在线下市场不景气的情况下，将线上转化成主要的杨梅出货渠道，采用冷链运输杨梅，以保证杨梅新鲜度。另外，除了把杨梅做成杨梅汁、杨梅干等传统食品，以此来延长产品的销售季节，绿领创客还研制出了杨梅酱、杨梅酥、杨梅酵素等杨梅系列产品，实现杨梅加工产品的多元化。

5. 利用社会事件或形势

可以配合某一事件进行产品的传播。这些事件包括社会事件、经济变化、业务或产业发展、新法规的颁布等。例如，随着手机平台、媒体平台的迅速普及，越来越多的人掌握了如何直播、如何通过直播建立更为广泛的人际交往关系并完成社交活动。直播，其形式立体丰富、互动参与感强，集视觉、听觉、文字等于一身，使同步带货成为可能。乡村通过直播和短视频的方式也进入了社交场域。乡村日常生活与贫困地区现状的"可见性"被激活，农村地貌、农民生活、乡村空间进入一种社会化、关系化、结构化的生产状态中，越来越多的个体农户直播出现在了各大直播平台。有些农户在直播中利用一些社会热门话题或者明星模仿秀等，制造流量，引发关注，在直播间里掀起热潮，从而带动直播间产品的销量。

6.利用被遗弃的市场

利用被遗弃的市场意味着进入被其他公司舍弃的领域，这里面也有商业机会。比如，经过一段牛奶只有纸包装或塑料包装的时期之后，有些奶制品厂又开始提供瓶装牛奶。他们正在服务一个被遗弃的市场——仍然偏爱瓶装牛奶的人群。

7.瞄准大市场下的小市场

怀着服务于其中一小块市场的想法，有时反而会因此取得成功。要注意只有这种情况才能成功——市场如此之大以至于只要占据其中一小块市场就能够赢利。比如在快餐业非常大而且仍然迅速增长的情况下，一位创业者在郊区开了一家以鱼为主要食材的小餐馆，虽然快餐连锁巨头们在此区域也开有连锁店，但他的餐馆仍然非常成功。

8.扩大市场区域

当区域性产品或业务获得成功时，扩大市场地理范围，在其他地方开设新的业务的机会将会浮出水面。如一些具有独特理念的成功餐馆，常将相似的餐馆开遍整个城市并逐步外延。

（二）在产品中寻找创业机会

一家企业经营成功的生命线是什么？是产品。没有好的产品，再好的营销也解决不了企业发展的问题。满足用户的需求是产品最基本的要求，也是首要的要求，更是创业者在起步之前就务必关注的问题。产品中也蕴藏着许多的商机，等待有心人发现。生产经营赚钱的产品是企业最大的王道。对于这一点，每一个创业者都务必牢记于心，在这个物竞天择、适者生存的竞争环境下，没有哪个赔钱的产品能生存下去。赚钱的产品才是成功企业家的法宝，创业者努力的第一个目标就应该在于此。

1.模仿成功产品

看到他人创业成功后，采取模仿和学习的方式进行的创业是可行的。这种创业类型就是模仿型创业。模仿型创业具有投资少、见效快、迅速进入市场等特点。但这种形式的创业，对于创业者而言，依然具有很大的冒险成分。不过如果创业者具有适合的创业人格特性，经过系统的创业管理培训，掌握正确的市场进入时机，还是有很大机会可以获得成功。这种方式在创业初期，常能用较少的资金和人力迅速占领市场份额。例如，腾讯QQ在创业之初模仿了外国的ICQ，QQ由于符合国人的沟通习惯得以迅速建立品牌优势，由此聚成庞大的用户群，为以后新产品的推广奠定了基础。旗下的各种产品均通过QQ获取可观的利润，腾讯进而通过不断开发新产品，提升品牌形象。绿领创客初次创业时，不妨参考这种模式。但对模仿对象应尽量选择已经证明成功的、有前景的"好东西"，同时要牢记模仿只是手段和工具，模仿的目的是创新和颠覆。被模仿者和模仿者是先发和后发的关系，先发总有预想不到的问题，后发可以在学习模仿先行者的基础上，有所取舍地创新。

2. 寻找很好但却失败了的产品

一个好的产品有时会出于诸如不恰当的市场策略、低效的生产方法、时机不成熟等原因而失败。在这种情况下，应该首先确认失败的原因然后消除之，这样才能存在使该产品获得成功的可能性。比如一位发明者的足部按摩器市场开拓失败，但另一位具有市场知识和经验的女性接手该产品，瞄准中老年人，并采取赠送附加商品、先使用后付费等不同的市场策略，终于获得了成功。

3. 改进现有产品

在一般情况下，现有的产品可以通过如下方法进行改进，提升其价值：加强质量；降低生产成本；降低价格；改进耐用性；增加功效；将其做得更大或更小；使其更易使用；使其具有更多的功能；更新过程、材料或生产技术。比如利用物联网、云计算、大数据等技术的智能农业，是对农业生产进行智能化改造的一种新型农业模式。绿领创客借助智能农业可以提高农业生产效率，降低生产成本，增加农产品产量，提升农产品品质。同时，智能农业还可以实现农业的可持续发展。一位绿领创客为智能化农业设备另外写了说明书，他的说明书比随设备附带的原厂说明书更易于使用和理解，从而使产品更加畅销。

4. 装配产品

为方便客户而进行的产品包装市场正在增长，从而提供了更多新的商业机会。为了方便，人们非常愿意购买包含所有所需物品，然后将它们组合在一起所形成的最终产品。例如，当下越来越多的都市青年开始尝试"阳台务农"，号称在城市中探寻"田园之味"。这些年轻人以在自家阳台上种植如番茄、丝瓜、葡萄等蔬菜和水果的方式，来体验农耕的乐趣。有些绿领创客看中这个商机，不但销售种子，还同时配套出售适合的土壤、有机肥及种植工具等，并在后续的种植过程中实时提供咨询和服务等。

5. 为现成产品赋予价值

当购买现成的产品，然后向里面添加材料、服务等，创造出更有价值的最终产品时，就为之添加了价值，并且可以转手再销售这些变化了的产品。如绿领创客们利用农村里常见的玉米芯，加工后将其转化为生活中的一种产品，叫"低聚木糖"。这个产品具有很好的保健价值，能够促进肠道健康，改善人们的身体状况。

6. 找寻废料的用途

农村里随处可见农作物的残体及动物的粪便，例如常见的玉米芯、秸秆等，这些废料的最常见处理方式就是焚烧，将其变成土壤的肥料。如今，这些废料通过科技，可以转变成环境友好型新产品。例如，以谷壳为主要生产原料制造的家具，它的使用寿命长达 20 年，并且还可以循环再造，实现对自然环境最大的保护。在农村，很多果农会大面积种植水果，他们会定时修剪果树的枝条。如今，很多绿领创客会大量回收这些枝条，这主要是因为果木拥有一股独特的果香，用它来制作烤鸭的话，食材也会产生一种独特的味道，这便成了很多消费者追捧的畅销食物。

7. 业务或产品组合

在一般情况下，创业者可以将两种或多种内容，包括产品、服务、人、业务及资产等，组合在一起，创造出新的形象。组合后的业务、产品是独特的，并且比组合前更加利于销售，效果最好。如绿领创客将农家乐和民宿合并后提供更好的乡村旅游服务，结果两者的经营情况都有所改进；将橘汁与其他果汁混合，产生一系列新饮品，销售量戏剧性地迅速增长；等等。

8. 打包或拆分现有产品

大宗商品可以包装后再销售，对已经包装的商品可以改换包装，使其变得更加吸引人、更加方便，也可以将包装物分解，以便更易于使用和存放。如草莓属大宗成堆销售的产品，可将其分成小等份，加上有吸引力的包装后再销售。

创业的根本目的是满足顾客需求，而顾客需求在没有满足前就是问题。因此，绿领创客需要认识到寻找创业机会的一个重要途径是，善于发现和体会自己和他人在需求方面的问题或在生活中的难处。

（三）发现创业机会能力的培养

商机虽然无处不在，但是稍纵即逝。创业者在日常生活中需有意识地加强实践，培养和提高发现商机的能力。

1. 要养成市场调研的习惯

市场机遇的出现和捕捉，离不开对市场信息的把握和处理。发现创业机会的关键点是深入市场进行调研，了解市场供求状况、变化趋势，考察顾客需求是否得到满足，注意观察竞争对手的长处与不足等。

2. 要多看、多听、多想

每个人的知识、经验、思维及对市场的了解都不可能面面俱到，多看、多听能广泛获取信息，多想能及时从别人的知识、经验及想法中汲取有益的东西，从而增强发现机会的可能性和概率。

3. 训练独特的创新思维

机会往往是被少数人抓住的。只有克服从众心理和传统习惯思维模式，才能发现和抓住被别人忽视或遗忘的机会。要以超前的意识把握机遇，要发扬敢闯敢试、敢为天下先的精神，只有这样，才能及时认识和把握国际国内市场为我们提供的良机。

4.要用积极的心态去发现创业机会

有一些人将创业点子的产生归因于机缘凑巧，即所谓的"无心插柳柳成荫"。但是，研究创意的专家以为，创意只是冰山上的一角，若没有平日的用心耕耘，机缘就不会来得如此凑巧。

第二节　创业机会的评估

有创意固然重要，但并不是每个大胆的想法和新颖的点子都能转化为创业机会，许多绿领创客就是因为仅凭想法去创业而失败。当发现创业的机会以后，还需要对创业机会进行评估，以尽可能地降低创业的风险。

创业领域的权威、《创业学：21世纪的创业精神》的作者杰弗里·蒂蒙斯教授提出，好的商业机会有以下四个特征。

第一，它很能吸引顾客。

第二，它在你的商业环境中能行得通。

第三，它必须在机会之窗存在期间被实施。机会之窗是指商业想法被推广到市场上去所花的时间，若竞争者已经有了同样的思想，并已把产品推向市场，那么，机会之窗也就关闭了。

第四，必须要有资源（人、财、物、信息和时间）及技能才能创立业务。

一、评估创业项目

绿领创客要对创业项目进行全方位评估，做出正确的决策。那么，评估创业机会的办法有哪些呢？一般认为，有以下四种方法。

（一）标准打分矩阵法

通过选择对创业机会成功有重要影响的因素，由专家小组对每一个因素进行极好（3分）、好（2分）、一般（1分）3个等级的打分，最后得出每个因素在各个创业机会下的加权平均分，从而对不同的创业机会进行比较（见表 2-1）。

表 2-1 标准打分矩阵

因素	专家评分			
	极好（3分）	好（2分）	一般（1分）	加权平均分
易操作性	8	2	0	2.8
质量和易维护性	6	2	2	2.4
市场接受度	7	2	1	2.6
增加资本的能力	5	1	4	2.1
投资回报	6	3	1	2.5
专利权状况	9	1	0	2.9
市场的大小	8	1	1	2.7
制造的简单性	7	2	1	2.6
广告潜力	6	2	2	2.4
成长的潜力	9	1	0	2.9

（二）Westing house 法

Westing house 法，即两屋法，又称平准化法，实际上是计算和比较各个机会的优先级的方式。公式如下。

技术成功概率 × 商业成功概率 × 平均年销售数 ×（价格－成本）× 投资生命周期／总成本＝机会优先级

在该公式中，技术和商业成功的概率以百分比表示（从 0% 到 100%），平均年销售数以销售的产品数量进行计算，价格是净销售价格，成本以单位产品成本进行计算，投资生命周期是指可以预期的年均销售数保持不变的年限，总成本是指预期的所有投入。将不同创业机会的具体数值带入计算，机会的优先级越高，该机会就越有可能成功。

例如，假设一个创业机会的技术成功概率为 80%，市场上的商业成功概率为 60%，在 9 年的投资生命周期中，平均年销售数为 20 000 个，每个产品的价格为 120 元，每个产品的全部成本为 87 元，研发费用 140 000 元，设计费用 50 000 元，制造费用 230 000，营销费用 50 000 元，把这些数字代入公式之中，可以计算得出机会优先级约等于 6。

$$0.8 \times 0.6 \times 20\,000 \times (120 - 87) \times 9 / (140\,000 + 50\,000 + 230\,000 + 50\,000) \approx 6$$

（三）泊泰申米特法

这种方法需要由创业者针对不同因素进行评分，预先设定好权值，通过对所有因素得分的加总，得到某创业机会最后的总分，以评估其成功的潜力（见表 2-2）。对于每个因素，不同选项的得分可以从 –2 分到 2 分。总分越高，说明特定创业机会成功的潜力越大。只有那些最后得分高于 15 分的创业机会，才值得创业者进行下一步策划，低于 15 分的都应被淘汰。

表 2-2　泊泰申米特法

因素	得分
对于税前投资回报率的贡献	
预期的年营业收入	
生命周期中预期的成长阶段	
从创业到销售额高速增长的预期时间	
投资回收期	
占有领先者地位的潜力	
商业周期的影响	
产品采取高定价的潜力	
进入市场的容易程度	
市场试验的时间范围	
销售人员的要求	

（四）Baty 选择因素法

Baty（巴蒂）选择因素法通过设定 11 个选择因素来对创业机会进行判断。如果某个创业机会只符合其中的 6 个或更少的因素，那么这个创业机会就很可能不可取；相反，如果某个创业机会符合其中的 7 个或者 7 个以上的因素，那么这个创业机会将大有希望。Baty 选择因素法见表 2–3。

表 2-3 Baty 选择因素法

因素	得分
这个创业机会在现阶段是否只有你一个人发现了?	
初始的产品生产成本是否可以承受?	
初始的市场开发成本是否可以承受?	
产品是否具有高利润回报的潜力?	
是否可以预计产品投放市场和达到盈亏平衡点的时间?	
潜在的市场是否巨大?	
你的产品是不是一个高速成长的产品家族中的第一个成员?	
你是否拥有一些现成的初始用户?	
是否可以预计产品的开发成本和开发周期?	
是否处于一个成长中的行业?	
金融界是否能够理解你的产品和顾客对它的需求?	

二、选择创业项目应注意的因素

(一)符合绿领创客的资源优势

环境机会对不同的绿领创客来说,并不一定都是最佳的机会。因为这些环境机会不一定符合绿领创客的目标和能力,不一定能取得最大的竞争优势。在环境机会中,只有那些符合绿领创客的目标和能力、有利于发挥自己的资源优势的机会,才是可以考虑的。

所谓优势,包括绿领创客对拟选行业的熟悉程度、所有的有用的资源条件等。比如,某绿领创客先天具备某一领域的专长,有现成客户,拥有技术,掌握着某方面特殊资源等。

同时,一个人只有选择了他喜欢做又有能力做的事情,才会自觉地、全身心地投入工作,并忘我地工作,在遇到困难和挫折时百折不挠、勇往直前,千方百计克服困难,实现创业目标。所以,选择自己感兴趣、有特长的项目是绿领创客创业成功的基础。

大量的经验证明,对许多工作来说首要的是熟悉,然后才可以摸清其中的规律,找到商业机会。

（二）创业机会具有可行性

有想法、有点子只是第一步，并不是每个大胆的想法都能转化为创业机会。在评估创业机会是否可行时，绿领创客应该考虑三个相互作用的因素：创业的目标、外部环境变化带来的契机及竞争的基础。

在这个过程中，对创业机会的吸引力（即风险和回报）进行评估和比较是必不可少的。对此，绿领创客应该以现实的态度评估自己的风险倾向等个人偏好。

第三节　创业环境分析与创业信息收集

创业环境分析是发现创业机会的基础，是进行创业可行性分析的前提。随时变化的环境，能给绿领创客带来机遇，也能给绿领创客造成威胁。绿领创客必须清楚宏观的、微观的、行业的等各种环境因素及其发展趋势，了解其对具体行业、企业的影响是限制性的还是促进性的。只有这样，绿领创客才能抓住机遇，避免严重威胁，成功创业。那么，创业的环境分类和分析方法有哪些呢？这些信息又该如何收集呢？

一、创业环境分析的基本内容

创业环境包括一般外部环境、内部环境、行业环境等。

（一）一般外部环境分析

创业的一般外部环境主要是指企业所在的国家或地区的政治与政策法律、经济、社会文化、科技，甚至地理与气候等环境。

1. 政治与政策法律环境

政治与政策法律环境包括一个国家的社会制度，执政党的性质，政府的方针、政策及法令等。

直接影响创业的是各种法律、法规和政策，如税法、专利法、环境保护法和反垄断法，以及产业政策、投资政策和国防开支及政府补贴等。与创业相关的法律与法规大致可以被分为三类：

（1）涉及企业主体、调整平等主体之间关系的主体法和程序法；

（2）涉及企业运营和对于企业运营进行规范、管理的法律；

（3）涉及税收的法律。对于创业者而言，比较重要的税收法律是流转税（包括增值税、消费税）法和所得税（个人所得税和企业所得税）法。

此外，国家和地方为了鼓励在农村地区自主创业，相继推出了多项优惠政策，这些优惠政策涉及开业、融资、税收和创业培训等方面，绿领创客可以多多收集这类优惠政策信息。

2. 经济环境分析

经济环境指企业经营过程中所面临的各种经济条件、经济特征、经济联系等客观因素。主要的经济发展状况信息有：GDP 及其增长率、贷款的可得性、可支配收入水平、居民消费 / 储蓄倾向、利率、通货膨胀率、规模经济、政府预算赤字、消费模式、失业趋势、劳动生产率水平、汇率、证券市场状况、外国经济状况、进出口因素、不同地区和消费群体间的收入差异、价格波动、货币与财政政策。

3. 社会文化环境分析

社会文化环境包括一个国家或地区的居民受教育程度和文化水平、宗教信仰、风俗习惯、审美观点及价值观念等。相关信息包括：行业准则、社会习俗、社会道德观念等文化因素；公众对婚姻、生活方式、工作、道德、性别角色、公正、教育和退休等方面的价值观念；人口数量、年龄结构、收入结构、受教育程度、地区分布、民族构成、职业构成、宗教信仰、家庭规模和家庭寿命周期等人口统计特征。

4. 科技环境分析

科技环境指一个国家和地区的技术水平、技术政策、新产品开发能力及技术发展动向等。相关信息包括：创业地区的新技术、新材料、新产品、新能源的状况，国内外科技总体发展水平和趋势，本企业所涉及的技术领域的发展情况、产品技术质量检验指标和技术标准等。

5. 地理与气候环境分析

地理与气候环境是指企业所在地域的全部自然资源所组成的环境，包括各种矿藏和地理气候等自然条件。创业者应注意对地区条件、气候条件、季节因素和使用条件等方面进行分析。例如，我国的藤制家具在南方地区十分畅销，但在北方地区则销路不畅，受到冷落，其主要原因是北方气候干燥，这种家具到北方后往往容易发生断裂，影响了产品的声誉和销路。绿领创客在选择生产销售这些容易让消费者产生明显偏好的商品时要尤其注意。

（二）内部环境分析

创业的内部环境分析包括内部资源分析、能力分析及核心竞争力分析。

1. 企业内部资源分析

在创业阶段，主要分析目前拥有的财力资源、物力资源、市场资源、环境资源、技术资源及人力资源等方面。在进行企业资源分析的时候，还需要特别注意企业的无形资源，如技术资源、信誉资源、文化资源和商标等。

2. 企业能力分析

对于尚未建立的企业，创业者可以从以下几方面分析企业未来的能力。

（1）企业从外部获取资源的能力。

（2）生产能力。可从加工工艺和流程、生产设备设施购建等方面的计划安排、仓储、员工、产品质量等方面进行分析。

（3）营销能力。主要包括：市场定位的能力，营销组合的有效性，以及营销管理的能力等。

（4）科研与开发能力。包括企业科研队伍的现状和变化趋势，和高等院校或科研单位合作的基础、条件等。

3. 企业核心能力分析

核心能力是指企业拥有的有价值、稀有、难以模仿及不可替代的能力。它是决定企业生存和发展的最根本因素，是企业维持长久竞争优势的源泉。

企业培育核心能力的途径主要有二：传统途径和现代途径。

传统途径是指企业为了实现内部资源的最优配置而采取的一系列管理行为，包括生产作业管理、供应管理、技术创新管理、市场营销管理、财务管理及人力资源管理等。

现代途径就是资本运营，指企业为了有效整合外部资源而采取的更为复杂的管理行为，包括兼并、收购、分拆、上市、联营及破产等。

（三）行业环境分析

行业是影响企业生产经营活动最直接的外部因素，一个行业的经济特性和竞争环境及它们的变化趋势往往决定该行业未来的利润和发展前景。

1. 行业经济特性分析

行业经济特性分析主要从这几方面进行：市场区域范围及规模大小、规模经济特征、行业进入与退出壁垒及难易程度、对资源的要求程度及平均投资回收期、市场成熟程度、市场增长速度、行业中企业的数量及其规模、购买者的数量及规模、分销渠道的种类及特征、技术革新的方向及速度，以及行业总体赢利水平等。

2. 行业变革驱动因素分析

行业变革驱动因素是指那些改变整个行业及竞争环境的主要原因及因素。绿领创客创业时如能敏锐地判断行业变革驱动因素，则非常有利于企业未来的战略制定。

尽管促使某一行业发生变化的变革驱动因素很多，但一般说来，真正算得上行业变革驱动因素的不会超四个。绿领创客应仔细辨别，将行业变革驱动因素与那些并不重要的因素区别开来，将关注的重点集中于行业变革驱动因素上。

3. 行业的关键成功因素分析

一个行业的关键成功因素是指，影响行业中的各个企业能否取得成功的关键因素，包括产品属性、资源要求、竞争能力及特定战略等。

同样，对于某一个特定的行业而言，在某一个特定的时候，行业关键成功因素一般不会超过四个。绿领创客应该从诸多影响成功的因素中找出最为关键的因素，并在日常管理中聚焦这些因素。

4. 行业竞争力量分析

一个行业的竞争状态是各种竞争力量共同作用的结果，这些行业竞争力量主要包括五个方面：行业中现有企业之间的竞争状况、供应商的议价能力、顾客的议价能力、替代产品的提供商为了争夺顾客所采取的进攻性行动、来自潜在进入者的威胁等。

5. 行业中竞争对手分析

要使创业项目在竞争中获得胜利，绿领创客就必须确认主要的竞争对手，并理解竞争对手的战略及意图。除此之外，绿领创客还必须时时跟踪竞争对手的策略，并预测其可能采取的行动。绿领创客不仅应关注现实中的竞争对手，还应估计谁可能成为未来主要的竞争对手，并为此积极采取应对之策。

6. 行业的吸引力分析

绿领创客可以从对前面五个问题的分析和理解，得出本企业所进入的行业的未来前景，判断该行业是否具有吸引力。

二、创业环境分析的方法

（一）PEST 分析法

PEST 是政治（political）、经济（economic）、社会（social）和技术（technological）的英文单词的缩写，PEST 分析是指对影响一切行业和企业的各种宏观环境因素进行扫描分析。不同行业和企业因自身特点和经营需要不同，分析的具体内容会有差异，但一般都应对上述四大类影响企业的主要外部环境因素进行分析。PEST 分析示意图如图 2-1 所示。

有时，绿领创客也会用到 PEST 分析的扩展变形形式，如 STEEPLE 分析。STEEPLE 是指以下因素：社会/人口（social/demographic）、技术（technological）、经济（economic）、环境/自然（environmental/natural）、政

治（political）、法律（legal）、道德（ethical）。

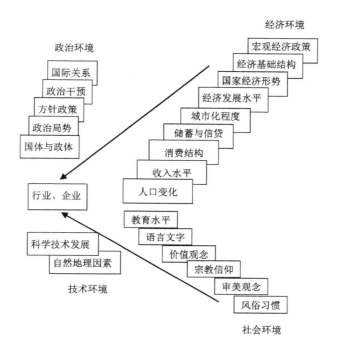

图2-1 PEST分析示意

（二）SWOT分析法

SWOT分析是企业战略制定中一种常用的分析工具，被广泛运用在企业战略管理、市场研究、竞争对手分析等领域。

所谓SWOT分析，即态势分析，就是将与研究对象密切相关的各种主要内部优势、劣势、机会和威胁等，通过调查列举出来，并依照矩阵形式排列，然后用系统分析的思想，把各种因素相互匹配起来加以分析，从中得出一系列相应的结论。结论通常带有一定的决策性，它在制定公司发展战略和进行竞争对手分析中经常被使用。

SWOT分析主要包括以下步骤。

1. 分析环境因素

绿领创客要运用各种调查研究方法，分析出企业所处环境的各种因素，即外部环境因素和内部条件因素（见表2-4）。外部环境因素包括机会因素和威胁因素，它们是指外部环境对公司的发展有直接影响的有利和不利因素，属于客观因素，一般归属于经济的、政治的、社会的、人口的、产品的、技术的、市场的及竞争的等不同范畴。内部条件因素包括优势因素和弱势因素，它们是企业在其发展中自身存在的积极和消极因素，属于主动因素，一般归属于管理的、组织的、经营的、财务的、销售的及人力资源的等不同范畴。在调查分析这些因素时，不仅要考虑到企业的历史与现状，更要考虑企业的未来发展。

表2-4　进行 SWOT 分析时一般所需要考虑的因素

	潜在外部威胁（T）	潜在外部机会（O）
外部环境	市场增长较慢 竞争压力增大 不利的政府政策 新的竞争者进入行业 替代产品销售额正在逐步上升 用户讨价还价的能力增强 用户的需要与爱好逐步转变 通货膨胀递增及其他	纵向一体化 市场增长迅速 可以增加互补产品 能争取到新的用户群 有进入新市场或市场面的可能 有能力进入更好的企业集团 在同行中竞争业绩优良 扩展产品线，满足用户需要及其他
	潜在内部优势（S）	潜在内部劣势（W）
内部条件	产权技术 成本优势 竞争优势 特殊能力 产品创新 具有规模经济效应 良好的财务资源 高素质的管理人员 公认的行业领先者 买主的良好印象 适应力强的经营战略 其他	竞争劣势 设备老化 战略方向不明 竞争地位恶化 产品线范围太窄 技术开发滞后 营销水平低于同行业其他企业 管理不善 战略实施的历史记录不佳 不明原因导致的利润率下降 资金拮据 相对于竞争对手的高成本及其他

2. 构造 SWOT 矩阵

将调查得出的各种因素根据轻重缓急或影响程度等进行排序，构造 SWOT 矩阵。在此过程中，将那些对企业发展有直接的、重要的、大量的、迫切的及久远的影响因素优先排列出来，而将那些间接的、次要的、少许的、不急的及短暂的影响因素排列在后面。

3. 制订行动计划

在完成 SWOT 矩阵的构造后，便可以制订出相应的行动计划。

制订行动计划的基本思路是：发挥优势因素，克服弱势因素，利用机会因素，化解威胁因素；考虑过去，立足当前，着眼未来。运用系统分析的综合分析方法，将列入考虑的各种环境因素相互匹配起来加以组合，得出公司未来发展的四种战略。

（1）SO 战略，依靠内部优势去抓住外部机会。如一个资源丰富（内部优势）的企业发现某一市场未曾饱和（外部机会），就应该采取 SO 战略去开拓这一市场。

（2）WO 战略，利用外部机会来改进内部弱点。如一个面对计算机服务需求不断增长现状的企业（外部机会），十分缺乏技术专家（内部劣势），就应该采用 WO 战略培养技术专家，或购入一个高水平的计算机公司。

（3）ST 战略，利用企业的优势，去避免或减轻外部威胁的打击。如一个企业的销售渠道很多（内部优势），但是又受到各种外在限制、外在威胁（外部威胁），就应该采取 ST 战略，走集中型、多样化的道路。

（4）WT 战略，直接克服内部弱点和避免外部威胁。如一个商品质量差（内部劣势）、供应渠道不可靠（外部威胁）的企业应该采取 WT 战略，强化企业管理，提高产品质量，稳定供应渠道，或走联合、合并之路以谋生存和发展。

三、创业信息的收集方法

在大数据时代，绿领创客要明白的一点是，信息就是商机，信息就是

77

利益，就是金钱。只有全面地掌握信息、运用信息，才能有效控制市场、开拓市场，寻找更多的创业机会。绿领创客收集信息的方法有间接法、直接法，以及新兴的网络调研信息法。

（一）间接法

间接法就是收集已存在的、别人调查整理的二手信息、情报、数据和资料。对绿领创客来说，采用间接法收集二手市场信息比较方便、容易、费用少且节省时间，可以进行长期、持续的收集、整理，所以绿领创客应首先考虑采用这种方法。

对于绿领创客来说，可从以下几个主要渠道间接收集信息：统计部门与各级各类政府主管部门公布的有关资料，各种专业信息咨询机构、各行业协会和联合会提供的市场信息及有关行业情报，国内外有关的书籍、报纸和杂志所提供的文献资料，有关生产和经营机构提供的商品目录、广告说明书、专利资料及商品价目表，各地电台、电视台提供的有关市场信息，各种国际组织、外国使馆及商会所提供的国际市场信息，国内外各种博览会、展销会、交易会及订货会等促销会议及专业性、学术性经验交流会议上所发放的文件和材料。

这类信息虽然收集起来很便捷，但缺陷也很明显：一是时效性差，许多新情况、新问题难以得到反映；二是信息针对性较差，往往不能与绿领创客的分析目的实现匹配，数据对解决问题来说不完全有用，有时绿领创客需要做进一步加工处理；三是有些数据的精确度会受到影响。

（二）直接法

直接法收集的主要是市场的微观信息，特别是消费需求方面的信息，它对于创业企业更为关键。在间接法无法满足绿领创客的信息要求时，就要采用直接法。直接收集信息的方法通常有以下几种。

1. 问卷调查法

问卷调查法是直接收集市场信息最常用的方法，目前在国内外被广泛采用。它是根据调查或收集信息的目的，将需要收集的信息分为一个个具体的问题，集中在一张调查表上，根据被调查者的回答，进行整理分析。

2. 面谈访问法

面谈访问法是访问者根据收集信息的提纲直接访问被访问者，当面询问有关问题，既可以是个别面谈，也可以是群体面谈，群体面谈可以通过座谈会等形式进行。

一般地，个别面谈用于商品需求、购物习惯等信息收集；群体面谈用于请一些专家就市场价格状况和未来市场走向进行分析和判断。

3. 电话询问法

电话询问法是由工作人员通过电话向被访问者询问和了解有关问题的一种方法。

4. 观察调查法

观察调查法是指收集信息的工作人员凭借自己的感官和各种记录工具，深入被观察者现场，在被观察者未察觉的情况下，直接观察和记录被观察者行为，以收集市场信息的一种方法。

5. 测试法

测试法是指市场调研者有目的、有意识地改变一个或几个影响因素，来观察市场现象在这些因素影响下的变动情况，以认识市场现象的本质特征和发展规律。企业在经营活动中经常采用这种方法，如开展一些小规模的包装测试、价格测试、广告测试及新产品销售测试等，来测验这些措施在市场上的影响，以认识市场总体情况。

（三）网络调研信息法

网络调研信息法指的是，通过网络进行有系统、有计划、有组织地收集、调查、记录、整理和分析相关的市场信息的方法。

绿领创客可以委托市场调查机构进行主要针对企业及其产品的调查。调查内容通常包括：网络浏览者对企业的了解情况；网络浏览者对企业产品的款式、性能、质量及价格等的满意程度；网络浏览者对企业的售后服务的满意程度；网络浏览者对企业产品的意见和建议；等等。

总体来看，网络调研的优势非常明显，如：信息及时、客观、可靠，信息共享；便捷、经济（低费用）；互动性（交互性）强，交流充分；效率高，答复快速；可检验，可控制性强；瞬间到达，无时空、地域限制；可定制调研。

当然，网络调研也有其不足，突出表现在：难以选择受调研的用户群体，故它只反映了网络用户的意见；由于上网匿名及在线注意力集中的时间较短，网络调研的可信度不够高。此外，人际之间情感交流的缺乏也影响其作用的发挥。

但要注意的是，虽然收集的信息越完整、越准确，相关决策就越正确，但收集完整、准确无误的信息通常要花费大量的时间和精力，如果过分追求信息的完整、准确，就有可能会贻误商机。所以，绿领创客不要一味追求信息完整、准确，在收集信息时要综合考虑人力、物力、财力和时间成本。

第四章

素质能力与团队

第一节 绿领创客的素质和能力

成功的原因都是相似的，失败的原因则各有各的不同。了解成功创业者表现出来的自身特质，绿领创客可以反观自己，针对自身与成功创业者之间的差距，有意识地培养并在实践中不断修改、完善和提升自己的素质和能力。

一、绿领创客的素质

（一）创新素质

创新素质是指人在先天遗传素质基础上，后天通过环境影响和教育所获得的稳定的在创新活动中必备的基本心理品质与特征。创新素质包括创新精神、创新意识、创新人格。

成功的创新型企业家往往能够打破常规、突破传统，具有敏锐的洞察力、直觉力、丰富的想象力、预测力和捕捉机会的能力等，从而使思维具有一种超前性、变通性。具体来说，他们往往有着独立的人格意识、积极的民主参与热情、强烈的好奇心、合理的知识结构、广泛的兴趣爱好、独特的个性特长、正确的审美意识、顽强的意志、大胆的冒险探索精神、良好的道德品质、勤奋踏实与积极进取的学习态度、团结协作的精神与协调指挥的能力、较强的模仿力、敏锐的观察力、丰富的想象力、优秀的创造思维品质、较强的实验动手能力和严密的逻辑推理能力、处理信息的能力、数据分析能力等。

（二）良好的心理素养

1.强烈的创业意识和成功欲望

要想取得创业的成功，创业者必须具备自我实现、追求成功的强烈的创业意识。强烈的创业意识，能够帮助创业者克服创业道路上的各种艰难险阻。创业的成功是思想上长期准备的结果，事业的成功总是属于有思想准备的人，也属于有创业意识的人。

强烈的成功欲望是创业的最大推动力，不同的心态，尤其是关键时候不同的心态，导致了人生道路的巨大差异。

2. 自信、自强、自主、自立的创业精神

自信是生命的力量，是创立事业之本。创业是向未知领域的探险，只有相信自己有能力、有条件去开创未来的事业，相信自己能够主宰自己的命运，才能够成为创业的成功者。创业者不仅要相信自己，还要相信他们正在追求的事业，并以此来感染和说服他人，取得信任和支持。

自强就是在自信的基础上，不贪图眼前的利益，不依恋平淡的生活，敢于实践，不断提升自己各方面的能力与才干，勇于使自己成为生活与事业的强者。

自主就是具有独立的人格，具有独立的思维能力，不受传统和世俗偏见的束缚，不受舆论和环境的影响，能够自己选择自己的道路，善于设计和规划自己的未来，并采取相应的行动。自主的人还要有远见、有敢为人先的胆略和实事求是的科学态度，能把握住自己的航向，直至到达成功的彼岸。

自立就是凭借自己的头脑和双手，凭借自己的智慧和才能，凭借自己的努力和奋斗，建立起自己生活和事业的基础。

3. 积极、沉稳的心态

创业之路，是充满艰险与曲折的，这需要创业者具有非常强的心理调控能力，能够持续保持一种积极、沉稳的心态，即有良好的创业心理品质。它主要体现在人的独立性、敢为性、坚韧性、克制性、适应性、合作性等方面。

正因为创业之路不会一帆风顺，所以，如果没有具备良好的心理素质、坚忍的意志，那么一遇到挫折就会垂头丧气、一蹶不振。只有具有处变不惊的良好心理素质和愈挫愈强的顽强意志，才能在创业的道路上自强不息、竞争进取、顽强拼搏，才能从小到大、从无到有，闯出属于自己的天空。

4.竞争意识

竞争是市场经济最重要的特征之一，是企业赖以生存和发展的基础，也是一个人立足社会不可缺乏的精神。人生即竞争，竞争本身就是提高。只有敢于竞争，善于竞争，才能取得成功。创业之初，面临的是一个充满压力的市场，如果创业者缺乏竞争的心理准备，甚至害怕竞争，就只能一事无成。

（三）优秀的人格品质

创业人格品质是创业行为的原动力和精神内核。创业是开创性的事业，尤其在困难和不利的情况下，人格品质魅力往往起到决定性的作用。

1.使命感和责任心

使命感和责任心是驱动创业者勇往直前的力量之源。创业活动是社会性活动，是各种利益相关者协同运作的系统。只有对自己、对家庭、对员工、对投资人、对顾客、对供应商及对社会拥有高度的使命感和负责精神，才可能赢得人们的信任、尊重和支持。

2.目的明确，积极主动

创业者对于不确定的环境和全新的事业，充满激情和梦想，并为此不断挑战自我，实现超越。他们做事目的性强，目标明确，讲效率，重实效。为了完成既定目标，他们往往长时间地、超常艰辛地工作，在创业初期常表现出工作狂倾向。

创业者常常要经历许多的挫折和失败，只有始终保持乐观积极的心态，才可能在失败之后振作起来，并从中汲取教训，提升下一次成功的概率。人们常说，一个人的成功不在于他曾达到的高度，而在于他掉下来之后反弹的高度。

3.创新冒险

具备创新能力和冒险精神是创业者的内在要求。创意的形成需要发挥创造力。同样，机会的开发、资源的整合、商业模式的设计更是创新能力的集中体现。创新能力体现为创新精神，推崇创新，追求创新，以创新为荣。冒险精神是指具有好奇心、求知欲，具有献身科学、献身人类事业的内在动力和坚强意志，具有敢闯、敢冒风险、敢于怀疑和批判的科学精神，具有良好的精神状态和心理素质。

创业需要有冒险精神，需要有胆略和胆识。同时，在创业实践中也要有风险意识，要注意冒险精神和风险意识的平衡，保持理性，降低损失。

4. 坚韧执着

创业是对人的意志力的挑战。面对险境、身处逆境能否坚持信念、承受压力、坚持到底，常常决定着创业的成败。最后的成功往往就在于再坚持一下的努力之中。

5. 正直诚信

正直诚信是创业者必备的品质，它体现了成功创业者的人格魅力：讲信誉，守诺言，言行一致，身体力行，胸襟广阔，厚人薄己，敢于承担责任，勇于自我否定。人格魅力可以帮助创业者凝聚人心，鼓舞士气，赢得更多合作者的信任和支持。

6. 懂得分享

成功的创业者都懂得分享的道理，即算大账的人做大生意，干大事业；算小账的人则永远只能做小生意，干小事情。

二、绿领创客的能力

每一个有志于自主创业的绿领都渴望在创业中打造出一片属于自己的天地。创业者的成功，固然离不开创业精神的支持，但并不能证明只要有创业精神，创业就一定能取得成功。因为市场是无情的，创业是一项高水平的就业，创业的成功与否是各方面因素共同作用的结果，所以想要取得创业成果，除了创业素质，创业者还需要具备解决和处理创业活动中各种挑战和问题的知识和能力。创业能力是一种特殊的能力，这种特殊能力往往影响创业活动的效率和创业成功率。

（一）创业知识

创业知识是进行创业的基本要素。实践证明，良好的知识结构对于成功创业具有决定性作用，创业者不仅要具备必要的专业知识，更要掌握必备的现代科学、文学、艺术、哲学、伦理学、经济学、社会学、心理学、法学等综合性知识和管理科学知识。

人类社会已步入知识经济时代，知识成为一种资本。在创业的过程中，人才培养、市场开拓、法律咨询、财务管理等，都是创业者必然接触到的内容。没有一定的知识积累，创业者很难经管理好自己的企业。要想处理好各方面的关系，需要了解以下几个方面的知识。

1. 人力资源管理知识。人力资源管理知识主要解决企业员工的管理问题。如果想有所成就，绿领创客就不能凭感觉管理和激励员工。美国学者弗雷德里克·赫茨伯格提出了管理的"双因素"理论，即影响员工工作积极性的因素有保健因素和激励因素两方面。保健因素起着保证和维持原有状况的作用，能够预防组织成员不满。但要想激发组织成员的积极性，就必须采用激励因素，通过责任、升迁和发展等因素来调动员工的积极性。这一知识能有效地开发人力资源，如人员的甄选录用和合理配置使用、教育和培训、制定科学的管理制度以调动员工的工作积极性等。

2. 营销知识。经济利益的产生和增长都借助于产品的销售，因此都离不开市场营销。营销知识包括市场供需状况调查和预测，产品的定价，如何把握消费者的消费观念和心理，如何降低销售风险和应对竞争，如何利用广告拓宽销售渠道，等等。绿领创客要开拓市场，就必须具备一定的营销知识，并掌握一定的谈判技巧。

3. 法律知识。在法治社会，企业的一举一动都与法律有关，如：选择企业的形式时，涉及《企业法》《公司法》；签约时，要懂得《劳动合同法》；创立品牌时，要知晓《商标法》；在经营过程中还可能碰到《反不正当竞争法》《消费者权益保护法》等。创业者既受法律的保护，也受法律的约束。因此，绿领创客应该掌握和了解与创业活动相关的法律法规和制度条例，有利于守法经营和维护自身权益。此外，与绿领创业相关的法规及政策还包括《公司登记管理条例》《税收征收管理法》《劳动法》《票据法》《合伙企业法》等。

4.财务知识。创业活动离不开创业资金的筹集和资本运转，尤其对绿领创客来说，在创业初期，资金的匮乏和融资途径的不畅通，是比较突出的问题。任何一家企业都涉及现金的流入流出、成本核算、税收缴纳、投资分析、股利分配等，这些都能反映企业的各方面状况。因此，绿领创客应该了解和掌握一些财务知识，包括货币金融、银行信贷、成本预算与资金核算、外汇汇率、会计审计等。虽然在实际中，一些具体事务可以由会计、出纳专门处理，但能看懂财务报表是最基本的创业素养，因为财务报表能反映企业的经营状况和发展趋势。

5.其他知识。创业活动是一项复杂的、综合性的特殊实践活动，需要创业者掌握比较全面的知识。除以上几种知识，创业者需要掌握的创业知识还有很多，包括有关服务行业的基本知识、公关和交往知识、有关贷款和各项优惠政策方面的信息、人文基础知识等。这些综合知识都需要绿领创客根据现实需要储备或者在实践中积累补充，并根据实际情况熟练运用。例如，近几年，国家和地方都鼓励并支持绿领创业，陆续出台了一系列相关优惠政策，绿领创客对这些政策知识应充分了解和学习。

（二）创业意识

人能够超越其他动物的原因是人有主观意识，主观意识确保了人有目的地参与改造世界的活动。创业也离不开意识的参与，创业意识对创业具有能动作用。只有在强烈的创业意识的推动下，绿领才会进行相关的创业活动，可以说创业意识是创业行为的推动器。那么，什么是创业意识呢？创业意识是指绿领对创业实践的正确认识、理性分析和自觉选择的心理过程，包括需要、兴趣、动机、理想和世界观等心理成分。

根据亚伯拉罕·马斯洛的需要层次理论，不同层次的需要激发了个人行为动机的产生。如果没有创业的需要，就不可能产生创业意识。低层次的创业需要表现在满足物质生存要求等低层次需要上，如以"不想替别人打工，寄人篱下"为创业动机；而更高层次的创业需要则是有意识地通过自己的双手去创造美好人生的强烈的创业需要，即创业理想。创业理想主要是一种职业或事业理想，创业者通过创业实现自己所追求的人生价值。

（三）组织领导能力

1. 战略管理能力

战略是对企业的长期目标、行动计划和资源配置所做出的统筹安排。它是企业的生命线，是企业腾飞的起跳板，一个及时、果敢、英明的战略决策是企业由蛹化蝶、由小到大、由平凡到伟大的最初推动之力，错误的战略会葬送一个企业。战略管理能力包括战略思维、战略规划和设计等，是一个创业者的核心领导能力。

2. 决策制定能力

正确的决策是保证创业活动顺利进行的前提。尤其是创业机会的识别和选择、创业团队的组建、创业资金的融通、企业的发展战略，以及商业模式的设计等重大决策，直接关系着创业者对创业全局的驾驭和创业的成败。

3. 经营管理能力

经营管理能力是指对人员、资金及企业的内部运营的能力。它涉及人员的选择、使用、组合和优化；也涉及资金聚集、核算、分配、使用、流动。经营管理能力是一种较高层次的综合能力，包括团队组建与管理能力、市场定位与开拓能力、企业文化设计与培育能力、应对突发事件能力等。可以说，经营管理能力是解决企业生存问题的第一要素。

4. 交往协调、资源整合能力

交往协调、资源整合能力是指创业者妥善处理企业与公众（政府部门、新闻媒体、客户等）之间的关系，协调下属各部门、成员之间关系的能力。

交往协调、资源整合能力是一种社会实践能力，需要在实践活动中学习和积累总结。一是要敢于与不熟悉的人和事打交道，敢于冒险和接受挑战，敢于承担责任和压力；二是养成观察与思考的习惯，观察的过程就是调查、获取信息的过程；三是处理好各种关系。处理好关系要善于应酬。心理学家称，应酬的最高境界是在毫无强迫的气氛里，把诚意传达给别人，使别人受到感应，并产生共识，自愿接受自己的观点。搞好应酬要做到宽以待人、严于律己。

创业者只有搞好内外团结，处理好人际关系，才能建立一个有利于自己创业的和谐环境，为成功创业打好基础。

（四）专业技术能力

专业技术能力是创业者掌握和运用专业知识进行专业生产的能力。专业技术能力的形成具有很强的实践性。创业者要重视积累专业技术方面的经验，进行职业技能的训练，以不断提高专业技术能力。

（五）创新能力

创新能力是一种综合能力，包括两方面的含义：一是大脑活动的能力，即创造性思维、创造性想象、独立性思维和捕捉灵感的能力；二是创新实践的能力，即在创新活动中完成创新任务的具体工作的能力。创新能力取决于创新意识、智力、创造性思维和创造性想象等。创新能力并不仅仅包含在技术或者产品的创新之中，而是包括方方面面。

培养创新能力的七条基本原理：

1.需要有针对性的培养措施，需要时时处处精心呵护与激励；

2.需要进行创新教育，需要有创新性教学与具有创新精神、创新能力的教师；

3.创新精神在有创新需求、刺激创新欲望的教育环境和从事创新学习与活动的过程中生成与提高；

4.民主与多元、尊重与信任、挑战与任务、兴趣与爱好是创新精神成长的肥沃土壤；

5.积极评价是创新精神提升的推进器；

6.创新教育需要创新驱动，创新驱动既需要从点滴上突破，又需要整体设计和系统改进；

7.习惯性创新是持久的创新，是创新人格形成的重要标志。

三、增强创业能力

创业成功的原因是复杂的，不能说具备了上述特征就一定能成功，或者说不具备这些特征就不能创业。但是，具备这些必要的素质和能力，或有意识地培养这些素质和能力，无疑会大大提升创业成功的概率。

创业是一条艰难但又充满激情的路，不少绿领创客创业初期信心满满，可是遇到困难时却一蹶不振，甚至放弃了坚持下去的勇气。除了上述这些能力，绿领创客还需要增强创业能力。创业技能可以学习，素质可以培养，条件可以改善。绿领创客应当扬长避短，克服自身弱点，将自身长处发挥到极致。绿领可以增强以下几个方面的创业能力。

（一）合理规划人生的能力

绿领对未来和理想都比较乐观，但是对社会和对自己的认识还非常有限。古人云，"知己知彼，百战不殆"。就是要求我们要了解自己，要想清楚地知道自己以后的发展方向在哪里，最好的办法就是征求过来人的意见，再结合自己的实际情况制定一些小的目标，通过确定和实现小的目标，再慢慢地开始规划自己的人生。

（二）决策时的胆识和魄力

绿领作为创业时团队的核心，要对整个创业项目担负责任。团队运营后，甚至在筹备之初会面临各种各样的决策，你的一举一动都左右着创业的发展走向和兴衰。前期绿领创业者可能会广泛地征求亲朋好友的建议，一旦自己能够独立自主后，就必须要通过自己的智慧和胆识去决定各种大小事务。在最终做出决策时，谨慎是必不可少的，绿领创客一旦优柔寡断，可能就会失去一个绝佳的商业机会。同时，做出决策的胆识和魄力一定要建立在深思熟虑的基础之上，既要防备风险，又要兼顾利益最大化。

（三）计划管理的能力

绿领在创业过程当中，要经常性地提前计划或规划一些事情。在制订计划的时候一定要综合各种因素，形成切实可行的分解动作，要将任何可能的细节都考虑在内。而在实施的过程当中，要针对当下的具体情况进行适时调整。运营需要强有力的计划管理能力，只有具备这一能力，才能让自己更靠近成功创业之门。

（四）建立和改进创业项目管理制度的能力

创业需要建立各种制度，制度不在于多，而在于是否让所有相关人员都能够明白其中道理，并且严格执行。绿领创业者需要针对自己团队的实际情况建立各种有效的管理制度，包括店员管理、培训、绩效考核等。同时，还必须针对市场的不断发展变化而改进相应制度，只有这样才能够让创业者及其团队立于不败之地，拥有发展的主动权。在此想提醒绿领创业者，在建立和改进管理制度的时候，一定要从客观事实出发，而不要想当然，要极力保证制度的可实施性。

（五）管理信息的能力

绿领在创业时需要了解一定的生产、质量保障、新产品开发、资产管理等方面的知识。创业者每天都会通过不同渠道接触各种信息，如：竞争对手又开始降价了；明天要下雨了；厂家又有新政策了；等等。从大量的信息里筛选与自己相关的，再从与自己相关的信息里找到有效的，绿领创业者要具备这样的能力，需要长时间的锻炼。只有正确有效的信息，才能指导自己创业项目里的各项工作有序开展。对于绿领创业者而言，由于缺乏大量的社会实践经验，所以在接触各种信息的时候，难免会失之偏颇地做一些决定。当大家对信息无所适从的时候，可以向过来人请教，对信息加以甄别。要在观察和请教别人的过程当中，不断提高自身管理信息的能力。

（六）目标管理的能力

绿领在创业时必须要有明确的目的性。在不同创业阶段需制定明确的目标，对目标进行细致的分解。一个创业项目要想得到长远发展，那么必须得有长远的发展目标，长远的发展目标可以按阶段分解成不同的小目标，而这些小目标又可以分解到每个相关的个人。在这个过程当中，作为创业主导者，绿领创业者需要对不同的目标进行统筹和管理。

（七）授权的能力

创业时一个创业团队的发展无法单靠某一个人完成，只有充分调动团队每个成员的主动性，才能让团队的发展更加迅速。绿领创业者需要让团队每个成员主动工作，必须让成员认识到，他们对于团队的重要性，而授权给成员无疑是最有效的管理方法。授权是建立在对成员的信任基础之上的，一旦成员得到创业者的充分信任，则会更加主动地为创业者分担一部分工作，从而使创业者将精力投入更加重要的事务当中。

（八）谈判的能力

在绿领创业者的人际交往过程当中，与人谈判的情况必不可少。谈判对绿领创业者的要求是综合多面的，需要绿领创业者有一定的语言能力、心理分析能力、人文素养等。要想在谈判当中占得主动地位，绿领创业者必须要有很强的谈判能力。杰出的谈判能力能够让绿领创业者在谈判过程当中直接获得更多的利益。

（九）处理突发事件的能力

在创业过程当中，绿领创业者会不可避免地碰到一些突发事件，这些事件一旦发生，就需要创业者们更为积极地应对。"好事不出门，坏事传千里"，任何一个突发的事件，稍不注意，就可能使创业项目的形象一落千丈，甚至砸掉招牌。如果这些事情发生在顾客身上，创业者处理得当的话，还能起到广告效果——通过用心的服务向顾客传递一个负责任的形象。处理好突发事件，化险为夷，甚至通过这些事件的妥善解决，能让顾客更加认同你或者你的团队，再借由消费者之口，为你不断传播好口碑。

（十）坚守职业操守的能力

"君子爱财，取之有道。"这句话已经流传了几千年，可见其真理性。几千年来但凡被人记住或称道的都是有一定道德坚守、通过正当的途径实现发家致富的人，如范蠡、乔致庸、胡雪岩等，不胜枚举。作为商人，要尤为珍视自己的操守。我们经常看到一些人，倒卖消费者信息，出卖商业机密，短期内他们有可能获利巨大，但最后都不得善终。透支自己的道德，最终将会被唾弃。

（十一）学习能力

要想在现代社会取得不断的成功，必须具备持续学习的能力。市场和行业的竞争日益激烈，大到一个企业，小到个人，要想力争上游，都必须比竞争对手更快地掌握更多的知识，通过不断学习使自己处于不败之地。对于绿领创业者而言，除了书本的理论知识，更要重视提升其他方面的综合能力。

四、具备创业品质

创业是一个艰苦卓绝、长途跋涉的过程，充满艰辛，绿领创客在创业过程中不可能一帆风顺。作为创业者，绿领创客承受的压力往往比一般人更大，所以绿领创客更需要具备优良的创业品质。

（一）优秀的人品

成功的创业者都必须具有优秀的人品，包括以下几个方面。一是要诚信。阿里巴巴创始人马云在《赢在中国》点评时说："一个创业者最重要的，也是最大的财富，就是你的诚信。"创业者务必要诚实守信，做人做事讲求信誉，必要时以放弃个人利益为代价来确保企业的可持续发展。二是要公平。做事公平公正，值得同事和顾客信赖。三是要胸襟豁达。强调认同和理解，用宽容的心态对待周围的人和事，有远见卓识，不为眼前的蝇头小利所动，看到长远的利益。四是要自制。在创业过程中，善于控制自己的情绪、约束自己的言行，促使自己正确执行任务，不随意发脾气。

（二）健康的身心

创业所需要的身心素质表现在：乐观自信，富有理想，能吃苦耐劳，有紧迫感，精力充沛，行为协调，头脑清醒，具有创造热情，并且易于相处。拥有健康身心的人通常能与人保持良好的关系，良好的人际关系可以提高工作效率，有利于工作的顺利展开。创业过程是辛苦的，需要有强健的体魄和良好的心态支持。

（三）创业能力

创业能力是能够影响创业活动效率，促使创业活动顺利进行，创业目标顺利实现的综合性能力。创业者要与各行业及各部门的人打交道，以获取信息、材料和某些人的支持，这需要具备较强的人际交往能力。管理能力是创业者计划、组织、控制、协调、领导整个组织的必备条件。市场瞬息万变，创业者必须不断开发新产品和新技术，以保证自己的事业获得可持续发展，故创新能力是必要的。知识更新速度极快，过去获得的知识不可能长期有效，要想紧跟时代的步伐，必须有终身学习的能力。如果绿领根据自己所学专业选择行业进行创业，那么需要踏踏实实、刻苦勤奋地学习和钻研自己的企业所在行业的专业技术，如此才能确保创业活动的有效展开。此外，绿领在创业过程中还需要具备收集信息的能力、市场判断能力、策划能力等。

第二节　创业团队的组建和管理

越来越多的创业事实证明，在激烈的市场竞争中，团队创业比绿领创客一个人单打独斗成功率要高太多太多。有数据表明，60% 以上的创业活动都是以团队形式展开的，而团队创业的绩效要比个体创业更好。越来越多的风险投资人选择的不是项目，而是团队。

因此，绿领创客必须要明白，有效的团队合作、不懈的团队精神，能让创业企业具备更强大的生命力。创业团队的建设工作是否扎实在很大程度上决定了创业是否能够走向成功。绿领创客选择合伙人时需要注意几个关键词：价值观、互补、共同经历等。

一、创业团队

（一）创业团队的概念

团队严格的定义是，由一些具有共同目标和不同角色分工、技能互补的人所组成的共同体。

创业团队则是为进行创业而形成的集体，是由少数具有互补技能和明确角色分工的创业者组成的团队。他们为了实现共同的创业目标，共同为达成高品质的结果而努力工作。创业团队使各成员（包括创业搭档团队成员）联合起来，在行为上彼此影响、在心理上在相互归属，具备共同的工作精神。

（二）创业团队的重要性

良好的创业团队是创建新企业的基本前提，创业活动的复杂性，决定了所有的事务不可能由创业者一个人包揽，要通过组建分工明确的创业团队来完成，而这需要一个过程。

个人的精力、体力、专业、经验不可能面面俱到。依靠个人英雄主义只能取得一时的胜利，很难取得长远的胜利。协作的创业团队如同一支成功的足球队，全体成员各就其位，各司其职，同时密切配合，发挥整体效能。

（三）创业团队的"5P 要素"

创业团队需要具备五个重要的要素，称"5P 要素"。

1. 目标（purpose）。创业团队应该有一个既定的共同目标，为团队成员导航，使团队成员知道要向何处去。目标在创业企业的管理中以创业企业的愿景、战略的形式体现。

2. 人（people）。在一个创业团队中，人力资源是所有创业资源中最活跃、最重要的资源。目标是通过人员来实现的，所以，人员的选择是创业团队的组织建设过程中非常重要的一个部分。在一个团队中可能需要有人出主意，有人制订计划，有人实施，有人协调不同的人一起去工作，有人监督创业团队工作的进展，有人评价创业团队最终的贡献，不同的人通过分工来共同完成创业团队的目标。在人员选择方面，要考虑人员的能力如何，技能是否互补，人员的经验如何。应充分调动创业者的各种资源和能力，将人力资源进一步转化为人力资本。

3. 创业团队的定位（place）。创业团队的定位包含两层意思。一是创业团队本身的定位，即创业团队在企业中处于什么位置，由谁选择和决定团队的成员，创业团队最终应对谁负责，创业团队采取什么方式激励下属。二是个体创业者的定位，即作为成员在创业团队中扮演什么角色，是制订计划、具体实施还是成果评估。

4. 权限（power）。创业团队中领导人的权力大小与其团队的发展阶段和创业实体所在行业相关。一般来说：创业团队越成熟，领导者所拥有的权力相应越小，在创业团队发展的初期阶段，领导权相对比较集中。

5. 计划（plan）。计划包含两层含义：一是目标最终的实现，需要一系列具体的行动方案，可以把计划理解成达到目标的具体工作程序；二是按计划进行，可以保证创业团队的顺利发展，只有在计划的指导下，创业团队才会一步一步地贴近目标，最终实现目标。

在创业之初，创业者往往会面临很多困难，团队的建设并不像想象中的那样简单，这需要创业者有充分的心理准备。刚开始由于创业活动的特殊性，创业团队不必具备"5P要素"中的每一个，但随着企业的后续发展，为了应对复杂的市场竞争，团队建设需要逐步完善。

二、创业团队的类型

从不同的角度、层次和结构出发，创业团队可以被划分为不同的类型。而依据创业团队的组成者来划分，创业团队有星状创业团队（star team）、网状创业团队（net team）和虚拟星状创业团队（virtual team）几种。

（一）星状创业团队

星状创业团队一般有一个核心人物，充当领队的角色。这种团队在形成之前，一般是核心人物有了创业的想法，然后根据自己的设想进行创业团队的组建。这些加入创业团队的成员有可能是核心人物以前熟悉的人，也有可能是不熟悉的人，这些团队成员在企业中更多时候扮演支持者的角色。

这种创业团队有几个明显的特点：

1. 组织结构紧密，向心力强，主导人物在组织中的行为对其他个体影响巨大；

2. 决策程序相对简单，组织效率较高；

3. 容易形成权力过分集中的局面，从而使决策失误的风险加大；

4. 当团队成员和主导人物发生冲突时，团队成员往往处于被动地位，在冲突较严重时，一般都会选择离开团队。

（二）网状创业团队

这种创业团队的成员一般在创业之前都有密切的关系，比如同学、同事和亲人。他们一般是在交往过程中，共同认可某一创业想法，并就创业达成了共识以后，开始共同进行创业。在创业团队组成时，没有明确的核心人物，大家根据各自的特点自发进行组织角色定位。因此，在企业初创时期，各位成员基本上扮演的是协作者或者伙伴的角色。

这种创业团队的特点是：

1. 团队没有明显的核心，整体结构较为松散；

2. 组织决策时，一般采取集体决策的方式，通过大量的沟通和讨论达成一致意见，因此组织的决策效率相对较低；

3. 由于团队成员在团队中的地位相似，因此容易在组织中形成多头领导的局面；

4. 当团队成员之间发生冲突时，一般都采取平等协商、积极解决的态度消除冲突，团队成员不会轻易离开。但是团队成员间的冲突一旦升级，某些团队成员撤出团队，就容易导致整个团队的涣散。

（三）虚拟星状创业团队

这种创业团队是由网状创业团队演化而来的，基本上是前两种团队类型的中间形态。在团队中，有一个核心成员，但是该核心成员地位的确立是团队成员协商的结果，因此核心人物从某种意义上说是整个团队的代言人，而不是主导，其在团队中的行为必须充分考虑其他团队成员的意见，其不如星状创业团队中的核心主导人物那样有权威。

三、组建创业团队

创业团队是否能够取得成功关键是团队成员是否具有互补性。创业团队的互补是指，由于创业者在知识、能力、心理等特征，以及受教育程度、家庭环境方面存在差异，通过团队成员扬长避短，发挥各自优势，弥补彼此不足，能够形成一个在知识、能力、性格、人际关系及资源等方面全面完备的优秀创业团队。

（一）组建创业团队的意义

1. 创业团队互补的意义

通过团队成员之间的技能互补，团队创业可提高企业驾驭环境不确定性的能力，从而降低新企业的经营失败风险；更为重要的是，团队创业将具有更强的资源整合能力，能同时从多个融资渠道获取创业资金，保证创业资金的获取。有调查发现，合伙创业的成功率高达 60% 以上，这充分表明团队创业有利于降低创业失败的风险。

来自互联网的数据，创业的成功率只有20%，甚至更低。新成立的企业只有20%能生存5年；而35%的新企业在开业当年就失败了；生存10年的仅有10%。创业企业因为资金、技术相对有限，管理方面经验缺乏，要想获得成功，就必须付出更大的努力。而其中重要的一点，就是必须高度重视创业团队的组织设计。组建一个高效、优势互补的团队是创业取得成功的重要基础。

2. 不同角色对团队的贡献

不同角色在团队中发挥着不同的作用，一个创业团队要想紧密地团结在一起，共同奋斗，努力实现团队的愿景和目标，各种角色的人才都不能缺少。

（1）创新者提出观点。没有创新者，团队的思维就会受到局限，点子就会匮乏。创新是创业团队生产、发展的源泉。企业不仅在技术开发方面要创新，更要在管理方面创新。

（2）实干者实施计划。"千里之行，始于足下"，有了好的创意还需要靠实际行动去实践，没有执行力就没有竞争力。而且，实干者在企业人力资源中应该占较大的比例，他们是企业发展的基石。只有通过实干者踏实努力工作，美好的愿景才会变成现实，团队的目标才能实现。

（3）凝聚者润滑调节各种关系。没有凝聚者的团队，人际关系会比较紧张，冲突的情形会更多一些，团队目标完成将受到很大的冲击，团队的寿命也将缩短。

（4）信息者提供支持。当今社会，信息是企业发展必备的重要资源之一。创业团队要想在社会中生存和发展，就必须掌握正确、及时的信息。没有与外界的信息交流，企业就会失去目标和方向。

（5）协调者协调各方利益和关系。从某个角度说，管理就是协调。各种背景的创业者凝聚在一起，经常会出现各种分歧和争执，这就需要协调者来协调。因为，协调者有一种号召力，能帮助领导协调各方面关系，使团队和谐融洽。

（6）推进者促进决策的实施。推进者是创业团队进一步发展的"助推器"，没有推进者效率就不高。

（7）监督者监督决策实施的过程。监督者是创业团队健康成长的鞭策者，没有监督者的团队会大起大落。

（8）完美者注重细节，强调高标准。现代管理界提出的"细节决定成败"的观点，进一步说明了完美者在企业管理和发展中的重要作用。虽然在创业初期，不能过于追求完美；但在企业逐渐成长的过程中，完美者的作用将迅速显现，他们将不断修正缺陷，为做大、做强企业打下坚实的基础。

（9）专家则为团队提供一些指导。没有专家，企业的业务就无法向纵深方向发展。

3. 团队角色搭配

团队中不同角色相互配合的时候，难免会出现各种问题，在角色搭配的时候需要对此加以注意。

（1）创新者碰到协调者上司，他们之间的关系应该没有问题，因为协调者善于调动各种不同的人，一起去达成目标；但如果创新者碰到实干者上司，结局往往就会不太理想，因为实干者喜欢按计划做事，不喜欢变化。

（2）作为同事，创新者和凝聚者之间不会有问题，因为凝聚者擅长协调人际关系；但如果一个创新者碰到另一个创新者，这时两个人会围绕着各自的立场和观点展开争议，内耗就可能会出现。

（3）创新者的领导，如果碰到一个实干者的下属会很高兴，因为有人会推进工作，创新者和实干者正好形成了一种互补；但要碰到一个推进者的下属，他们之间的矛盾可能就会被激化。

（4）两个完美者在一起，可能作为上司的完美者并不欣赏作为下属的完美者，因为完美者永远觉得自己的标准是最高的，很难接受别人的标准；但完美者如果碰到实干者同事，彼此间往往很欣赏；如果碰到一个信息者的上司，就会产生一些冲突，因为信息者对于外界的新鲜事物接受得很快，而完美者往往在有 120% 的把握时才去做事，他们会对要不要采取新的方式和方法存在一些疑问。

类似的不同团队成员之间还会有很多配合关系，绿领创客对此都需要一一了解。

作为团队组建者，首先，绿领创客要在了解不同的角色对团队的贡献及在各种角色的配合关系的基础上，有针对性地选择合适的人才，通过不同角色的组合来使团队完整。

其次，由于团队中的每个角色都是优点和缺点相伴相生的，绿领创客要学会用人之长、容人之短，充分尊重角色差异，发挥成员的个性特征，找到与角色特征相契合的工作，使整个团队和谐，达到优势互补。

再次，在一个创业团队中，成员的知识结构越合理，创业成功的可能性越大。由纯粹的技术人员组成的公司容易形成以技术为主、以产品为导向的局面，从而使产品的研发与市场脱节；全部由市场和销售人员组成的创业团队缺乏对技术的领悟力和敏感性，也容易迷失方向。因此，在创业团队的成员选择上，绿领创客必须充分注意人员的知识结构——技术、管理、市场及销售等，充分发挥个人的知识和经验优势。优势互补是团队搭建的根基。当代社会，社会分工越来越细，最专业的事就要交给最专业的人去做。因而，寻找到优势互补的合作伙伴是创业成功的保证，只有优势互补的团队才能充分发挥其组合的潜能。

最后，在这个过程中，对创业机会的吸引力（即风险和回报）进行评估和比较是必不可少的。对此，绿领创客应该以现实的态度评估自己的风险倾向等个人偏好。

（二）组建创业团队的基本条件

1. 树立正确的团队理念

（1）凝聚力。拥有正确团队理念的成员，相信他们处在一个命运共同体中，共享收益，共担风险。团队工作不能靠个别的"英雄"，而要靠每个人的相互依赖和支持。要用事业成功来激励每个人。

（2）诚实正直。这是有利于顾客、公司和价值创造的行为准则，它排斥纯粹的实用主义和利己主义，拒绝狭隘的个人利益和部门利益。

（3）为长远着想。拥有正确团队理念的成员相信他们正在为企业的长远利益工作，正在成就一番事业，而不是把企业当作一个快速致富的工具。他们追求的是最终的资本回报及由此带来的成就感，而不是当前的收入水平、地位和待遇。

（4）承诺价值创造。拥有正确团队理念的成员承诺为了"每个人"而使"蛋糕"更大，包括为顾客增加价值，使供应商随着团队成功而获益，为团队的所有支持者和各种利益相关者的利益最大化而努力。

2. 确立明确的团队发展目标

目标在团队组建过程中具有特殊的价值。

首先，目标是一种有效的激励因素。如果一个人看清了团队未来的发展目标，并认为随着团队目标的实现，自己可以从中分享到很多的利益，那么他就会把这个目标当成自己的目标，并为实现这个目标而奋斗。从这个意义上讲，共同的未来目标是创业团队克服困难，取得胜利的动力。

其次，目标是一种有效的协调因素。团队中各种角色的个性、能力有所不同，唯有步调一致，才能取得胜利。只有真正目标一致、齐心协力的创业团队才会得到最终的胜利与成功。

3. 建立责、权、利统一的团队管理机制

（1）创业团队内部需要妥善处理各种权力和利益关系。

首先，要妥善处理创业团队内部的权力关系。在创业团队运行过程中，团队要确定谁适合负责何种关键任务和谁对关键任务承担什么责任，以使权力和责任明晰化。

其次，要妥善处理创业团队内部的利益关系。一个新创企业的报酬体系，不仅包括诸如股权、工资及奖金等金钱报酬因素，还包括个人成长机会和相关技能提高等方面的因素。

新创企业的报酬体系十分重要，要认真研究和设计整个企业生命周期的报酬体系，以使之具有吸引力，能够保证按贡献付酬和不因人员增加而降低报酬水平。

（2）制定创业团队的管理规则。要处理好团队成员之间的权力和利益关系，创业团队必须制定相关的管理规则。规则的制定，要有前瞻性和可操作性，要遵循先粗后细、由近及远、逐步细化、逐次到位的原则。这样有利于维持管理规则的相对稳定，而规则的稳定有利于团队的稳定。

企业的管理规则大致可以被分为三个方面。

一是治理层面的规则，主要解决剩余索取权和剩余控制权问题。治理层面的规则大致可以分为合伙关系与雇佣关系。除了利益分配机制和争端解决机制，还必须建立进入机制和退出机制，约定以后创业者退出的条件和约束，以及股权的转让、股份的增发等问题。

二是文化层面的管理规则，主要解决企业的价值认同问题。企业章程和用工合同解决的是经济契约问题，但作为管理规则它们还是很不完备的，对此要由文化契约来弥补。文化契约包括很多内容，但都可以用"公理"和"天条"这两个词概括。所谓"公理"，就是团队内部不证自明的东西，它构成团队成员共同的终极的行为依据；所谓"天条"，就是团队内部任何人都碰不得的东西，它对所有团队成员都构成一种约束。

三是管理层面的规则，主要解决指挥管理权问题。包括：平等原则，即制度面前人人平等，不能有例外现象；服从原则，即下级服从上级，行动要听指挥；等级原则，既不能随意越级指挥，也不能随意越级请示；等等。

（三）组建创业团队的程序和方法

绿领创客在有了创业点子后，可以采用以下方法组建创业团队。

1. 撰写创业计划书。通过撰写创业计划书，使自己的思路更为清晰，也为后来的合作伙伴的寻找奠定基础。

2. 分析优劣势。认真分析自我，发掘自己的特长，确定自己的不足。要对自己正在或即将从事的创业活动有足够清醒的认识，并使用 SWOT 法分析自己的优点、缺点。

3. 确定合作形式。通过第二步的分析，根据自己的情况，选择有利于实现创业计划的合作方式。

4. 寻求创业合作伙伴。可以通过媒体广告、亲戚朋友介绍、各种招商洽谈会、互联网等形式寻找自己的创业合作伙伴。通常是寻找那些能与自己形成优势互补的创业合作者。

5. 沟通交流，达成创业协议。找到有创业意愿的创业者后，双方就创业计划、股权分配等具体合作事宜进行深层次、多方位的沟通。

6. 落实谈判，确定责、权、利。在双方充分交流达成一致意见后，创业团队还需对合伙条款进行谈判。

（四）组建创业团队的技巧

为了搭建一支优秀的创业团队，求同存异，最后实现团队愿景，绿领创客在组建团队时应掌握一些技巧。

1. 知己知彼

绝大多数创业团队的核心成员都很少，一般是三四人，多的也不过十来人，但这些人可能都有自己的想法、自己的观点，特别是当团队中具备领导特质的人有两个或两个以上时，团队成员会在内心有不服管的信念。因此，我们对创业团队中的每个成员都不能掉以轻心。

一个优秀的创业团队的所有成员都应该相互熟悉，知根知底。《孙子兵法》中云："知己知彼，百战不殆。"在创业团队中，团队成员都应非常清醒地认识到自身的优劣势，同时也要对其他成员的长处和短处一清二楚。这样可以很好地避免团队成员之间因为相互不熟悉而造成各种矛盾、纠纷，迅速提高团队的向心力和凝聚力。同时，团队成员相互熟悉更有利于成员之间工作的合理分配，使每个团队成员最大可能地发挥各自的优势。

许多绿领创客选择的合作伙伴多是同学、校友或朋友，但还是很快就失败了。为什么呢？因为他们选择的合作伙伴虽然都是他的熟人，但是他的那些熟人之间是缺乏交流、沟通的。说到底，团队成员之间还是陌生的。

2. 有胜任领导岗位的带头人

在创业团队中，带头人作用更大。带头人正如在大海中驾驶巨轮的舵手，指引着创业团队的方向。

创业团队中必须有可以胜任领导岗位的领导者。这种领导者，并不是单单靠资金、技术和专利决定的，也不是谁提出什么好的点子谁就当头。这种带头人，是团队成员在多年同窗、共事过程中发自内心认可的，在创业团队中有巨大的、无形的影响力，有一呼百应的气势和号召力的领导者。

许多创业团队在很短的时间内就消亡了，很重要的原因在于创业团队的带头人根本不是一个合格的领导者。

许多绿领创客雄心勃勃，敢于第一个吃"螃蟹"，但是他们不一定是合适的创业团队带头人，他们最多只是起到一种示范作用的先锋。

3. 有正确的理念

要坚信组织能够健康发展下去，相信创业团队一定能够获得成功。不要一开始就想着失败，尤其不要用那些"经典"的"只能共苦，不能共甘""天下没有不散的筵席"的理论支配自己的思想和行动，绿领创客应该树立坚定的信念，要坚信团队的事业一定会成功。

4. 有严格的规章制度

俗话说："没有规矩，不成方圆。"最初创业时就把该说的话说到，该立的字据一定要立，不要碍于情面。绿领创客要把最基本的责、权、利说得明白透彻，尤其对股权、利益的分配更要讲清楚，其中包括增资、扩股、融资、撤资、人事安排及解散等。这样在企业发展壮大后，才不会出现因利益、股权等的分配分歧产生矛盾，导致创业团队分崩离析。

四、创业团队的维护和培养

（一）领导团队的发展

在支持团队发展方面，作为团队领导，绿领创客所扮演的角色是多种多样的，导师、教练、培训师，还有最重要的——鼓励者。绿领创客不仅要确立并掌握有效的发展方法，而且必须使它成为团队工作的组成部分。

首先，要让团队成员明白他们所做的事情、所想的事情都必须具有实际价值，不论以任何方式询问团队成员"为什么要这么做"，他们都会回答出这么做所能带来的价值。

其次，帮助团队成员发展自己的技能和知识，同时促进企业目标和团队目标的实现。

为此，要注意以下几方面：

1. 让团队成员了解到自己的重要性；

2. 经常与他们沟通，并融入他们当中；

3. 鼓励团队成员；

4. 树立典范。

对于团队发展，采用华而不实、夸夸其谈的方法是没有意义的，只有通过实实在在的行动来证明团队领导对团队发展所做的努力，才是根本。这包括开诚布公，让每一个成员都可以自由地交流信息、感觉和观点；使团队成员之间彼此信任；合作、协作和相互支持；等等。

（二）支持个人的发展

为了支持团队成员学习，必须花时间制订发展计划，还要了解员工的学习方式，这样才能找到进行学习的最佳方式和机会。

1. 支持经验学习

实践是最好的学习方法，在实践中学习的过程一般由四个阶段构成，包括：做事情获得经验；思考和讨论；从思考中得出结论，建立理论化模型；为行为制订计划并设法应用理论。

经验学习可以从四个阶段中的任何一个开始。不同的人会选择从不同阶段开始，而且环境也会影响人们决定开始学习的阶段。

2. 计划

无论团队领导是否参与，都需要为培训制订一个计划，即使脱产培训活动也不例外。如果没有这个计划，将无法督导、审查或进行活动评估，从而可能对活动的进程一无所知。

3. 思考和讨论

思考和讨论对学习是至关重要的。不但需要投入时间进行思考，还需要积极地提出问题并进行讨论。思考可以使认识由表及里，帮助我们进行回顾和交流。

4. 审查和评估

审查学习效果的方式可以是正式的，也可以是非正式的。审查时，要回顾学习计划，比较传授的知识是否满足了学员的需求，即"学习是否有效"。

最好在学习的过程中进行非正式的审查（如果是在职培训），在学习活动刚结束时进行正式的或非正式的审查（目的是检验和评估学习方法、学习本身及学习的内容，同时检查目标是否实现），在培训结束后的两周或一个月时间内实施复查（检查培训是否发挥了作用，同时还要考虑如何帮助学员举一反三）。

评估就是衡量学习对于业务、团队和学员的价值："学习对哪些方面会产生作用？是否值得为学习投资？"

（三）维护团队的共同意识

有一个调查发现，75%的被调查者声称他们没有召开过团队会议。当今工作多样性及复杂化使维护团队的共同意识非常困难，这也给管理者提出了更高的要求。

1. 团队会议

团队会议并非一定需要采用正式的形式，也不一定需要很长时间，非正式地聚集在一起几分钟，要比从来不召开团队会议好得多。

召开团队会议非常不容易，但许多团队会议的召开却不能获得好的结果。为此，应注意以下几点。

（1）聚焦重要的事情。合理安排优先次序，重要问题必须在会议上处理，不重要的问题可以另行处理。

（2）坚持观点。一旦确定优先次序，一定要坚持，避免进行无谓的改变。

（3）按时开始并遵循时间表。在会议开始时聊天，不按安排讨论，很容易浪费大家的时间。团队领导需要严格遵循约定的时间表。

（4）一定要做事先约定的事。如果忘记了所约定的事，并因此影响到团队，那么将失去团队的支持，所以一定要记录约定的行为。

2. 维护团队共同意识的其他方法

团队会议很重要，但它并不是维护团队共同意识的唯一方法。下面列举一些维护团队共同意识的方法。

（1）传达清晰的目的。明确告诉团队成员团队的目标是什么，具有非常重要的意义。

（2）营造责任感。只有使每个人了解为了实现团队目标自己需要承担的责任，才能够更好地促进每个人的团队意识的形成。

（3）确定行动准则。确定统一的行动准则并共同行动，处理事情时相互信任、相互尊重。

（4）使用固定的程序。确定了目的和每个人要做的事情之后，最好使大家统一采用固定的办事程序，这种做法可以维护团队的共同意识。

（5）使用电子手段维护团队。现代电子技术的发展为维护团队提供了有效的手段。E-mail、因特网和企业内部互联网的使用率越来越高，不同地区的人还可以使用音频或视频召开团队会议，这些技术能够使人们快速且随时交流信息。

3. 团队决策

为了能够顺利完成团队任务，解决团队可能面对的问题，团队需要采用科学和有效的决策。关于团队决策，有这样一些基本原则：

（1）在需要时立即进行；

（2）让团队成员参与决策的过程；

（3）使用有用的信息进行决策；

（4）坚持由团队共同做出决策。

（四）营造团队氛围

1. 培养成员间的融洽关系

不管是采用定期召开团队会议的方法，还是以其他方式（如 E-mail）加强团队成员之间的交流，作为团队领导，最重要的是培育团队成员之间的融洽关系。

下面列举了一些培养良好的团队关系时可以采用的方法：

（1）赞美成员；

（2）鼓励成员直接表达；

（3）互相信任；

（4）确保批评针对事实，不要针对个人；

（5）重视问题。

2. 团队成员问题及解决方法

如果在团队中有两个人不能融洽共处，则有可能会对其他人产生不良影响。团队领导应该注意问题出现的苗头，并采取切实的方法防患于未然。

如果团队成员相互之间不够尊重，则说明团队仍处于形成阶段，绿领创客可以这么做：

（1）通过深入了解团队中的每个成员，明白他们的感受及想法，并承认每个人的贡献，树立良好的榜样；

（2）通过社交活动，加强成员之间的了解；

（3）表明自己认为所有的成员都可以实现自身的价值，并欣赏他们做出的贡献；

（4）指出人与人的观点可能不同，因此即使不赞同他人的观点，也要尊重他人。

如果出现观点分歧和误解，如对同一个问题的看法不同、侧重于问题的不同方面、沟通出现障碍等，绿领创客则可以采用下面两种方法来处理。

（1）"六顶思考帽子"（见表4-1）。使用这个方法能够避免群体思考陷入混乱，并确保从一开始就使误解最小化。

表 4-1　六顶思考帽子

帽子颜色	用途		范例
白色	事实	中性信息（如你从计算机中获得的信息）	民以食为天
红色	情感与感觉	包括预感和直觉	我感到很生气，因为我们失去了很多客户
黑色	否定	评估思想或情形的不妥之处	这个建议不会起任何作用
黄色	肯定	评估思想与情形的有利之处	这是个好主意
绿色	创造力	产生思想	你可以尝试换个角度
蓝色	控制	正如管弦乐队中的指挥一样	现在我们需要戴上黄色帽子思考

在使用这个方法的时候，一种方式是：应该允许每个人每次集中思考问题的一个方面（如事实、情感与感觉）；同时也应该允许每个人都能够在思考中转变角色（如建议团队成员从黑色的思考转为黄色的思考）。另一种方式是让群体中的每个人暂时戴上同一顶帽子。如果大家都掌握了这个方法，就能够获得更好的效果。

（2）解决冲突。冲突可分为健康的和不健康的。健康的冲突是指人们以一种公开的、实事求是的态度表达不同的观点和看法，并相互尊重。这种冲突一般有肯定的、积极的结果，如人们感受比较自然，其他团队成员感觉也友好，做出的决定比在没有冲突的情形下做出的决定更好。而不健康的冲突对团队完成工作产生威胁，能够导致争执或交流障碍。在不健康的冲突中，人们感情用事，以一种破坏性的方式相互攻击。

作为团队领导，绿领创客需要判断个人之间产生不健康冲突的原因并想办法解决。表 4-2 中列出了五种冲突行为，当面临冲突时，绿领创客可以根据实际情况有效选择。

表 4-2　五种面对冲突的行为

冲突行为	结果
对抗	能快速获得结果，但如果处理不好，则浪费时间
协作	可以得到最好的解决结果和很高的团队承诺，但可能耗时较多
折中	虽不能得到很好的解决结果，但人人都能有所收获
迁就	因为没有争论，所以结果可能很差
回避	推迟冲突的解决

下面的一些要点有助于绿领创客以恰当的方式处理冲突：

营造公开、信任的氛围；

作为冲突的一方，公开自己的见解；

公开冲突——鼓励人们充分表达他们的观点；

鼓励成员为别人着想；

对事不对人——面对问题不受个人感情影响；

发生冲突的时候，坚持解决问题。

（五）有效激励

有效激励是指某一组织实施的能够达到预期效果，有效提升员工队伍凝聚力、向心力和整体战斗力的激励行为。

创业型企业的大部分工作都需要员工共同协作完成，讲究团队的合作与沟通。但很多绿领创客对创业团体的激励动力不足，有些企业甚至压根没有团体性的激励计划可言，也没意识到激励的作用。

1. 有效激励的作用

（1）调动员工的积极性

员工激励的目标必须和企业的发展战略紧密联系，绿领创客激励员工的动机就是要设法使员工看到自己的需要与企业的目标之间的联系，使他们处于一种受驱动状态。在这种状态的驱动下，员工所付出的努力不仅满足其个人需要，同时也能通过达成一定的工作绩效而实现企业的目标。激励对于调动员工潜在的积极性，使员工出色完成工作目标及不断提高工作绩效都有十分重要的作用。

（2）留住优秀人才

激励存在于人力资源管理的每一个环节，每一个环节又都体现了员工的价值，让员工感到下一步还有新的机会。当员工技术发展到顶尖，绿领创客可扩大其工作范畴，加大工作量，让工作具有挑战性，让员工觉得能学到东西，永远没有尽头；还可进行职务的提升，既让他们感觉到企业对他们的重视，也给予其施展的平台，提升其对企业的归属感。

2. 股份激励

既然是初创企业，自然一开始聚在一起的都是团队骨干，都是愿意和企业一起前进和努力的人，对他们是可以给予股份激励的。绿领创客可以通过出让一部分股权，让这些团队成员留下来，一心一意和企业成长进步。

绿领创客要明白，初创企业要实现企业战略目标，促进企业的可持续发展，最有效的方法是能实施有效的长期激励措施，吸引和保留核心团队成员，确保人才队伍的稳定。只有如此，才能在较长的时间里，更大程度地激发员工的工作积极性和热情。

第五章

创业资源整合与融资

第一节　创业资源概述

创业资源是新企业创立及成长过程中必备的资源，创业的前提条件就是创业者拥有或者能够支配一定的资源。绿领创客在企业成长的各个阶段，都需要努力争取并合理调配各项资源，推动企业有序健康发展。

一、创业资源的定义与作用

（一）创业资源的定义

常言道："巧妇难为无米之炊。"同样，没有资源，创业者也只能望（商）机兴叹。资源就是任何一个主体，在向社会提供产品的过程中，所拥有或者所能够支配的、可以实现目标的各种要素及要素组合。因此，创业资源就是企业创立及成长过程中所需要的各种生产要素和支撑条件。对于创业者来说，只要是对创业项目和新企业发展有所帮助的要素，都可以被归入创业资源的范畴。因而在创业过程中，创业者应当积极拓展创业资源的获取渠道。[①] 利用和管理好创业资源，是创业成功的重要原因。

创业本身也是一种对资源的重新整合。创业过程中最基本的资源就是人员、资金和创业项目，另外还包含技术支持、销售渠道、咨询机构、潜在顾客，甚至政府机构等各种内容。

对创业企业来说，创业者是其独特的资源，也是无法用钱买到的资源。

（二）创业资源的分类

学术界对于创业资源类型的界定尚未有统一标准，目前对创业资源的多视角分类有助于绿领创客理解创业资源的来源、构成及资源的获取和整合。

目前，学术界对创业资源的分类一般有以下三种方式。

---

① 李家华.创业基础（第 2 版）[M].北京:清华大学出版社,2015.

1. **按其来源分类**

（1）自有资源。自有资源是指创业者或者创业团队自身所拥有的可被用于创业的资源，如自有资金、自有技术、自己获取的创业机会信息、自建的营销网络、控制的物质资源或拥有的管理才能等。甚至在有的时候，创业者所发现的创业机会就是其所拥有的唯一创业资源。自有资源可以在内部进行培育和开发，企业通过在内部开发无形资产、培训员工及促进内部学习等方式，获取有益的资源。

（2）外部资源。外部资源是指创业者从外部获取的各种资源，包括从亲朋好友、商业伙伴或者其他投资者处筹集到的资金、经营空间、设备及其他材料，或通过提供未来产品的许诺等换取到的资源。外部资源是企业实现成长的重要来源。由于企业对自有资源的使用能控制或者影响对整体资源的部署，故而自有资源的拥有情况（特别是技术和人力资源），会影响到外部资源的获得和运用。

2. **按其存在形态分类**

（1）有形资源。有形资源是具有物质形态的、价值可用货币度量的资源，如组织赖以存在的自然资源及建筑物、机器设备、原材料、产品、资金等。

（2）无形资源。无形资源是具有非物质形态的、价值难以用货币精确度量的资源，如信息资源、人力资源、政策资源及企业的信誉、形象等。无形资源往往是撬动有形资源的重要手段。

3. **按其对企业的成长作用进行分类**

直接参与企业日常生产、经营活动的资源，称为要素资源；未直接参与企业生产、经营活动，但其存在可以极大地提高企业运营的有效性的资源，称环境资源。

（1）要素资源。主要有以下几类。

1）场地资源：包括场地内部的基础设施、便捷的计算机通信系统、良好的物业管理和商务中心，以及周边方便的交通和生活配套设施等。

2）资金资源：通常指及时的银行贷款和风险投资、各种政策性的低息或无偿扶持基金，以及写字楼或者孵化器所提供的便宜的租金等。

3）人才资源：包括高级科技人才、管理人才、顾问队伍等。创业者是新创企业中最重要的人才资源，因为创业者能从混乱中看到市场机会，创业者的价值观和信念是新创企业的基石。合适的员工也是创业人才资源的重要组成部分。高素质人才——技术人员、销售人员和生产工人等的获取和开发，便成为企业可持续发展的关键因素。

4）管理资源：包括正规化的企业管理制度等资源。

5）科技资源：包括对口的研究所和高校科研力量的帮助、与企业产品相关的科技成果，以及进行产品开发时所需要用到的专业化的科技实验平台等。

（2）环境资源。主要有以下几类。

1）政策资源：包括允许个人从事科技创业活动，允许技术入股，支持与国内外的高科技企业合作，为留学生回国创业解除户口、子女入学等后顾之忧，简化政府的办事程序等。政府的各种创业扶持政策主要包括财政扶持政策、融资政策、税收政策、科技政策、产业政策、中介服务政策、创业扶持政策、队伍经济技术合作与交流政策、政府采购政策、人才政策等。

2）信息资源：包括及时的展览会宣传和推介信息、丰富的中介合作信息、良好的采购销售渠道信息等。

3）文化资源：包括高科技企业之间相互学习和交流的文化氛围、相互合作和支持的文化氛围，以及相互追赶和超越的文化氛围等。

4）品牌资源：包括借助高校或优秀企业的品牌、借助科技园或孵化器的品牌，以及借助社会上有影响力的人士对企业的认可等。

（三）创业资源的作用

创业者获取创业资源的最终目的是利用这些资源，追逐创业机会，提高创业绩效，获得创业的成功。无论是要素资源还是环境资源，无论它们是否直接参与企业的生产，它们的存在都会对创业绩效产生积极的影响。

具体来说，创业资源的作用主要有以下两个方面。

1. 要素资源可以直接促进新创企业的成长

（1）场地资源

任何企业都要有生产和经营的场所，这是企业存在的首要条件之一。如通过建设乡村公寓，为绿领创客提供良好的居住环境。在乡村地区建设创业基地，为绿领创客提供实践和试错的机会。基地内可以设立培训中心、孵化器等机构，帮助绿领创客提升技能，解决实际问题。在创业基地内或附近建设加油站、卫生室等公共设施，为绿领创客提供更完善的创业支持等。

（2）资金资源

充足的资金将有助于加速新创企业的发展，新创企业无论是进行产品研发还是生产销售，都需要大量的资金。而且新创企业往往因资金不足而缺乏资产抵押能力，很难从银行得到足够的贷款，这更使得资金资源成为企业高速发展的瓶颈。因此，如何有效地吸收资金资源是每个绿领创客都应极度关注的问题。

（3）人才资源

科技兴农、产业兴村，靠的就是人才。人才对于绿领创客创业项目的成长和发展已经越来越重要。高素质人才的获取和开发，成了现代企业可持续发展的关键。事实上，在当代企业管理领域，人才已经由传统的"劳动力"概念转变为"人力资本"的概念。

（4）管理资源

绿领创客可能对与农业、农村相关的知识有一定的了解，但是对企业管理知识往往有所欠缺。很多绿领创客创业失败的原因都离不开管理不善，这意味着一套完整而高效的管理制度是新创企业的宝贵资源。当然，在企业缺乏这一资源时，专业的管理咨询策划将有助于提高新创企业的生产和运作效率。

（5）科技资源

在现代企业的管理中，科技资源的重要性不言而喻。借助现代科技手段，例如利用物联网、大数据、人工智能技术等，绿领创客可以推进智慧农业的发展。因此，绿领创客应积极引进寻找有商业价值的科技成果，加强和高校科研院所的产学研合作，为企业的市场竞争提供强有力的支持。

2.环境资源可以影响要素资源，并间接促进新创企业的成长

（1）政策资源

政策资源是公共资源，绿领创客只有在政策允许和鼓励的条件下，才能获取更多的人才、贷款和投资、具有明确产权关系的科技成果、各种服务和帮助，以及场地优惠等。因此，在创业过程中，绿领创客尤其需要关注这一方面的资源。

（2）信息资源

从某种角度上说，得信息者得天下。由于市场竞争激烈，绿领创客需要丰富、及时、准确的信息，以争取到更多的要素资源，为创业过程中的研发、采购、生产和销售的决策提供指导和参考。如果这些信息对于绿领创客来说收集起来成本过高，那么则可以考虑请专业机构来提供。

（3）文化资源

文化资源是企业发展中重要的一环。对于新创企业来说，文化资源尤为珍贵。创业成功的一个很重要的原因往往是这个企业有自己的浓厚文化氛围，如鼓励冒险、容忍失败等。因此，绿领创客需要注意在创业过程中重视对初创企业文化资源的培育。

（4）品牌资源

绿领创客可以借助高等院校或其他优秀企业的品牌，借助科技园或孵化器的品牌，以及借助社会上有影响力的人士对企业的认可等，开展创业。

二、创业资源的管理

创业不是一件轻松的事情。在创业初期，事无巨细，绿领创客都要亲

力亲为，既包括对外筹集各种资源、协调各种关系、开发客户、应对各种变化，也包括对内分配资源、管理运营。

由于多种原因，不少绿领创客在创业之初，因为缺乏市场竞争经验，不了解创业过程中待人接物、为人处世的方式，不够了解企业运作中的一些常识（如账户开立、税务等财务知识等），所以在创业的每一步都可能洒下一把泪，碰出一头疙瘩，到最后，任何一个小的困难都可能成为压垮其理想与抱负的"最后一根稻草"。

创业过程既是一个对市场不断探索的过程，也是一个对企业内部的各种资源进行整合的过程，同时还是一个不断学习的过程。绿领创客能否及时发现经营和管理中的错误、判断错误性质，能否及时、有效和经济地纠正错误，往往决定了创业能否成功。能充分利用创业资源解决问题的思维和能力是决定创业企业发展的速度、高度和稳定性的关键。

（一）创业资源的特点

1. 时效性

创业资源具有时效性，只有在恰当的时机才有可能被利用，受时间影响最大的是环境资源、信息资源。

2. 广泛性

创业资源非常广泛，有无形的环境资源、信息资源，有形的资金资源、人力资源，在我们生活中无所不在。

3. 整合性

创业资源可塑性很强，不同的资源之间需要相互整合。资源不是摆设，绿领创客只有通过对资源进行有效整合，才能形成企业的核心竞争力，并获得市场占有率和企业长期的生命力。

（二）创业资源的获取

创业资源的获取是指在确认并识别资源的基础上，得到所需资源并使之为创业服务的过程。创业资源的获取不但决定着能否把创业设想转化为创业行动，而且决定着企业这一契约组织的形成方式。

1. 获取创业资源的技巧

为了及时、足额并以较低成本获取创业所需要的资源，绿领创客需要掌握一定的获取创业资源的技巧。

（1）以能用和够用为原则

不是所有的宝贝都是企业的资源，绿领创客在获取资源时应坚持"能用"的原则，只有满足自己需求、自己可以支配并使其充分发挥作用的资源，才是需要获取的资源。另外，资源的使用是有代价的。因此，在获取创业资源时，应该本着"够用"的原则，资源不是多多益善。

一方面，资源的有限性使绿领创客难以筹集更多的资源；另一方面，当使用资源的收益不能弥补其成本时，资源的使用并不能给企业带来效益。

（2）充分重视人力资源的获取

人力资源在创业过程中的决定性作用要求绿领创客必须充分重视人力资源的获取。绿领创客一方面应努力加强自身能力的培养，另一方面应充分重视创业团队的建设。知己知彼、才华各异、能力互补、目标一致和彼此信任的团队是创业过程中最为重要的资源，也是创业成功必不可少的保证。

（3）尽可能获取多用途资源和杠杆资源

资源自身的特性决定了其用途，有的资源可能在不同场合具有不同的用途，获取具有多用途的资源可以帮助绿领创客应对创业过程中出现的意外。在知识社会，具有独特创造性的知识是高杠杆资源，对于杠杆资源的合理利用，有助于绿领创客取得一定的杠杆收益，达到事半功倍的效果。

2. 获取创业资源的途径

获取创业资源的途径分为市场途径和非市场途径两大类。

当创业所需要的资源有活跃的市场，可以采用市场途径；在其他情况下，则采用非市场途径。

（1）通过市场途径获取创业资源

通过市场途径获取创业资源包括购买和联盟两种。

1）购买

购买是指利用财务资源，通过市场购入的方式获取外部资源，主要包括购买厂房、设备等物质资源，购买专利和技术，聘请有经验的员工及通过外部融资获取资金等。

需要注意的是，知识，尤其是隐性知识等资源，虽然可能会附着在非知识资源之上，但很难通过市场直接购买，因此需要创业企业通过非市场途径去开发和积累。

2）联盟

联盟是指通过联合其他组织，对一些难以或无法自己开发的资源实行共同开发。联盟的前提是联盟双方的资源和能力互补，有共同的利益，而且能够对资源的价值及其使用达成共识。

（2）通过非市场途径获取创业资源

通过非市场途径获取创业资源包括资源吸引和资源积累等。

1）资源吸引

资源吸引是指发挥无形资源的杠杆作用，利用创业企业的商业计划和创业团队的声誉，通过对创业前景的描述，来获得或吸引物质资源、技术资源、人力资源和资金等。

2）资源积累

资源积累是指利用现有资源在企业内部通过培育形成所需的资源，主要包括自行购建企业的厂房、设备，在企业内部开发新技术，通过培训来提升员工的技能，通过企业的自我积累获取资金，等等。

3. 影响创业资源获取的因素

影响创业资源获取的因素主要有创业导向、创业者的管理能力、商业创意的价值、创业资源的配置方式及社会网络等。

（1）创业导向

创业导向是一种态度或意愿，这种态度或意愿会导致一系列创业行为。创业导向会通过促进机会的识别和开发，进而促进资源的获取。因此，绿领创客要注重创业导向的培育和实施，充分关注创业者特质、组织文化和组织激励等影响创业导向形成的重要因素，采取有效的方式获取资源，并在资源的动态获取、整合和利用过程中，注意区分不同资源，充分发挥创业资源的促进作用。

（2）创业者的管理能力

创业者的管理能力是企业软实力的主要表现，其管理能力越强，创业企业获取资源的可能性越大。创业者的管理能力可以从其沟通能力、激励能力、行政管理能力、学习能力和协调能力等多方面予以衡量。

（3）商业创意的价值

创业的关键在于商业创意。商业创意为资源获取提供了杠杆，但获取资源还有赖于创意的价值被资源所有者认同的程度。换言之，一种能被资源所有者认同的、有价值的商业创意，才有助于降低绿领创客获取资源的难度。

（4）创业资源的配置方式

由于创业资源的异质性、效用的多维性和知识的分散性，人们对于同一创业资源往往具有不同的效用期望，有些期望难以依靠市场交换得到满足。因此，如果能通过资源配置方式创新，能够开发出新的效用，使之更好地满足资源所有者的期望，绿领创客就有可能从资源所有者手中获得资源使用权，并开展生产经营活动。

（5）社会网络

社会网络是由机构之间及人与人之间比较持久的、稳定的多种关系结合而成的网络关系。由于创业资源广泛存在于各种资源所有者手中，这些所有者又处于一定的社会网络之中，以及人们对于商业活动的认识和参与，客观上会受到自己所处的社会网络的影响，因此社会网络对于创业资源的获取具有重要的意义。

不同的社会网络，为人们之间的沟通协作提供了不同渠道。在社会网络中处于优势地位的创业者，具有较好的社会关系依托，可以有选择地了解不同对象的效用需求，有针对性地对不同对象传递商业创意，有目的地获取不同资源所有者的理解和信任，最终成功地从不同网络成员那里获取所需的资源，为自己创业奠定基础。

除上述因素，创业者的资源辨识能力和外部社会环境等也会对创业资源的获取产生一定影响。

（三）创业资源的有效管理

从某种角度来看，"创业者的功能就是实现新组合"。因此，创业资源的有效管理是绿领创客想要实现成功创业就必须仔细斟酌的问题。而企业的创业资源主要包括资金、时间、人才、市场等方面，其管理主要包括对这些资源的获取、分配和组织等。

1. 内部创业资源管理

（1）资金管理

如果企业创业在内部发生，一般新业务的运营就会由旧业务的收入来支撑，资金来源因此显得有保障。在这种资金获取办法下，由于新业务本身不但没有收益，反而需要巨大的资金量，入不敷出，因此，可能会打击旧业务员工的积极性，对企业发展不利，当企业从专业化向多元化转变时就更是如此。解决这个问题的办法有：对新项目使用种子支助资金，采取内部风险投资的方式，或其他有偿使用资金的办法。

（2）人才分配

人才的管理与分配是创业过程中的重要环节。项目启动前对人才的搜寻、匹配、定位决定着项目发展的速度。另外，人才的流失也是创业者需要重视的问题。项目处于种子阶段时，主要由少数几个人在运作和管理，一旦进入了孵育发展阶段，就必须有得力的人才来进行规划管理。因此，这里也存在一个新、旧项目争夺人才的问题。为了使新、旧项目的发展不受人才问题的影响，企业必须注意在发展过程中培养新的人才，稀释各部门的人才密度，给人才加压力。

（3）工作时间分配

企业内部创业的一个大问题是创业者的工作时间和精力难有保障。一般来说，企业内部的创业者既要完成当前的工作，又要进行开发工作，工作时间分配经常顾此失彼。为了保障员工有充足的时间来孵化有创新性的想法，组织应该从制度上给他们以保证，调整他们的工作负担，避免对员工各方面施加过多的压力，允许他们花时间解决创新问题。如柯达公司的创业者可以将 20% 的工作时间用于完善创业设想，如果设想可行，创业者可以离开原岗位。

（4）营销资源管理

营销资源管理主要是指营销资源的分配和新市场的开拓。企业创业是一种以市场为导向的活动，市场对新产品的接受程度直接关系到创业的成败，但开始时，新产品在市场中几乎不为人所知，因此，企业必须集中销售资源，致力于新产品的市场开拓。这里也存在新、旧项目营销资源竞争的问题。

2. 独立创业资源管理

（1）资源最少化策略

奉行资源最少化策略，能够尽量减少所需资本，减少财务风险和创始人股权被削弱的风险。应用资源最少化策略的企业更具灵活性，在选择继续经营还是放弃时处于更有利的地位。如果随时都可以放弃，那么沉没成本就比较低。

（2）特殊优待与优惠

向资源提供者提供特别的激励，以使其克服不愿迈出第一步的心理。例如：绿领创客可以给初期财务投资者更多的回报；向早期的客户提供广泛的顾客所要求的服务或免费的辅助服务与培训；为其他企业不愿意服务的顾客提供服务。

（3）追求外在形式

绿领创客可以制造出一种可靠、可信的形象，采取一些规模更大、更成熟的外在形式。如：制作精美宣传材料、花较多的经费在产品包装上等，从而维持一种创业项目规模较大的感觉；尽管创业之初预算十分紧张，但有些绿领创客还是决定搬进一个像样的办公场所，使得看上去更为正式。

（4）寻求二等资源

创业者无法向一流的资源供给者提供诱人的短期激励（或可靠的长期保险或赢利），不得不退而求其次寻求二等资源。如，初期绿领创客们"既是大厨师，又是洗碗工"，所有关键性任务都自己一肩挑。其他员工，如果有的话，则只负责报酬较低的常规性或机械性劳动。

（5）广泛搜寻

争取免费或廉价的资源。广泛撒网，接触尽可能多的顾客／客户、政策扶持、国家创新基金、天使投资等。

三、创业资源的利用与整合

在当今激烈的市场竞争中，企业的资源整合能力很重要，要用最小的资源量获得最好的收益，是绿领创客竞争的一个新的角度。资源整合能力强的企业，能充分利用自己的、外部提供的资源，在这个激烈的竞争环境中处于竞争优势。绿领创客要在有限资源内获得超额的利润，努力做好优化配置，节约企业资源，改善行业浪费资源的现状，寻找创业过程中的问题，完善企业管理制度，健全经营体制，优化组织结构。

（一）资源整合概念

所谓的资源整合是指企业对不同类型的资源进行识别与选择、汲取与配置、激活和融合，使之具有较强的柔性、条理性、系统性和价值性，并创造出新的资源的一个复杂的动态过程。在资源整合中，以下几种重点资源需要得到优化利用：政策资源、信息资源、资金资源、人才资源、管理资源、科技资源。企业在创业过程中，要想取得好的成效，就得在这几个重点资源的利用上进行优化配置，以达到资源利用效率最大化。

（二）资源整合的意义

1. 提高企业核心竞争力

从企业的初创到最终的收获，资源的获取和整合伴随整个创业过程，创业者需要有效识别各种创业资源，并且积极借助企业内外部的力量对创业资源进行组织和整合，实现企业的核心竞争力，促进企业成长。创业资源对于创业的重要意义不仅仅局限在单纯的量的积累上，创业者应当看到，创业过程实质上是重新整合各类创业资源，获取竞争优势的过程。在创业过程中，创业者不仅仅要广泛地获取创业资源，更要懂得如何使用这些资源。资源整合是企业竞争力的主要源泉，市场竞争优势常常属于那些善于进行资源整合的企业，而不是那些拥有大量资源的企业，以及那些投入巨资进行新资源开发的企业。也就是说，竞争优势的真正来源是企业对资源的整合能力，这种能力使得企业高层管理人员能够基于对未来发展趋势的正确预测判断而有效地识别与选择、汲取与配置、激活与融合企业内外部资源、新旧资源、个体与组织资源、横向与纵向资源。通过持续不断的资源整合，企业能提升其竞争优势。因此，我们在重视对企业资源进行整合的同时，应该要采取相应的整合策略，以提高企业的资源整合能力，这样才能有效地提高企业整体的资源竞争力，从而增强企业竞争优势。

2. 促进企业可持续发展

创业之初，创业者只能依靠自身努力获取创业所需的各项资源，但由于新创企业具备高度成长性，在其迅速成长扩张的过程中，组织很快就发展到一定规模。此时，创业者就会发现，通过自身努力获取的资源远远不能支持企业的发展。

（1）政策角度。从我国的创业环境看，创业活动需要相应的政策扶持，只有在政策允许和鼓励的条件下，企业才能获得更多的国内外人才、贷款和投资、各种服务与优惠等。这就需要创业企业随时关注国家政策的变化。

（2）经营角度。新创立的企业在对信息资源进行把握的广度和深度上将会处于劣势。此外，由于竞争十分激烈，创业者就更加需要丰富、及时、准确的信息，以为制定研发、采购、生产和销售的决策提供指导和参考。对各种市场信息的充分了解，为企业带来可预见性的市场趋向，为企业的各种工作的开展提供一个较安全的环境，促进企业持续发展。

（3）融资角度。资金资源对于任何一个企业都非常重要，对于新创企业来说，无论是进行产品研发还是生产、宣传、销售，都需要大量的资金，如何有效地吸收资金资源是每个创业者都极为关注的问题。这就需要企业做好自己的各种优势报告，抓住海内外投资者的目光，获得其投资；并且充分利用现有的各种资金，不能花冤枉钱，做无用功。

（4）人才角度。高素质人才的获取和开发，是现代企业可持续发展的关键，特别是对高新技术行业的创业企业来说，人才资源更为重要。创业企业要善于对员工进行培训，培养员工创新能力，挖掘员工潜力，为企业的发展奠定基础。

（5）管理角度。一些新创企业的管理者大多是专业技术人员出身，他们本身具备较强的科研能力，但是对于企业管理知识往往有所欠缺，很多企业都失败于管理不善，这意味着一套完整而高效的管理制度是新创企业宝贵的资源。企业要建立健全的、有特色的、符合本企业发展的企业文化，培养员工的归属感和认同感，凝聚员工力量，为企业提供一个好的发展、创新氛围。采取合理的激励及保险制度，只有使员工觉得自我属于团队一员而不是局外人，他们才能不遗余力地为公司的发展做各种努力，不会懒懒散散，以无所谓的态度在公司等着发工资，也才能让企业发展得更好、走得更远。

（6）创新角度。对于新创企业来说，应积极引进寻找有商业价值的科技成果，充分利用科技促进企业创新，推出新品，吸引更多消费者，为企业提高竞争力。只有具备较强的竞争力，才能在激烈的竞争中掌握市场，继续发展下去。如果没有竞争力，就不堪一击，企业在竞争中将处于劣势，发展将会止步或是落后。

企业是一个组织，企业要对已有的经营思想、管理模式、人事制度等内部资源进行整合，因地、因时制宜，以使自身适应经济全球化的需要。企业如果墨守成规地坚守着以前陈旧的管理模式，跟不上外部环境更新的脚步，就会失去获得更好的外部资源的机会。这就需要管理者根据时代经济发展的新潮流趋势，提高自己内部管理的科学性、合理性，从而进一步获得外部关注，获得发展。在经济全球化过程中，企业外部市场环境和内部资源对于企业制定和实施战略都是十分重要的，资源整合是企业绩效的重要源泉。通过对企业内外资源、传统资源与新资源、个体资源与组织资源、横向资源与纵向资源等实施有效的整合，企业可以充分发挥这些资源的使用效能并创造出新的资源，从而提升企业经营绩效。

实际上，所有成功创业者在新创企业成长的各个阶段，都会做到用尽可能少的资源推动企业往前发展。同时，对他们而言，资源的所有权并不是关键，关键的是对其他人的资源的控制、影响程度。这种态度的好处在于：能够减少创业者创业所需的资本量；在选择经营企业还是放弃企业时处于更有利的地位——以放弃资源所有权为代价提高了灵活性；降低了沉没成本、固定成本，并以丰富的利润抵消变动成本的上升；大大降低了创业者把握商机过程中的风险。

（三）创业资源的开发机制

处于创业阶段的企业，对资源的开发与运用将决定企业的战略导向。在企业进入成长与成熟期后，资源结构又将影响企业的市场地位与长期的发展模式。因此，企业需将资源的开发与整合置于发展的、动态的市场环境中进行系统分析。

企业资源在转变为企业优势能力的过程中需经历识别、获取、整合、利用四个步骤。识别创业资源是企业开发资源的前提，可以为创业资源获取与整合的后续工作奠定基础。识别初始资源是一种战略选择，并将影响企业的后续战略。获取资源的种类与数量是创业企业迅速进入成长阶段，维持后续发展的不竭动力。整合资源，就是在获取资源之后对其进行丰富化与细致化，将之升级并转化为企业的各项竞争力与优势。资源利用过程指将经过识别、获取、整合后的资源通过企业的生产与运营活动，为企业贡献利润，同时为顾客提供价值的过程。

第二节　创业融资

能否快速、高效地筹集资金，是绿领创客能否站稳脚跟的关键。而筹集创业资金就是融资。创业融资是创业企业根据自身发展的要求，结合生产经营、资金需求等现状，通过科学的分析和决策，借助企业内部或外部的资金来源渠道和方式，筹集生产经营和发展所需资金的行为和过程。

一、创业融资分析

（一）融资基础

1. 融资概念

融资主要指资金的融入，也就是通常意义上的资金来源，具体是指企业从自身生产经营及资金运用情况出发，通过一定的渠道和方式筹集资金，以满足企业发展需要的一种经济行为。

融资渠道是指取得资金的途径；融资方式则是指如何取得资金。融资渠道展示出取得资金的客观可能性；融资方式解决用什么方式将客观存在的可能转化为现实。

从融资主体角度，创业融资的方式可以被划分为三个层次：第一层次为外源融资和内源融资；第二层次将外源融资划分为直接融资和间接融资；第三层次则是对直接融资和间接融资再进行进一步的细分。

2. 融资成本

融资成本包括融资的显性成本和隐含成本。显性成本就是创业企业的加权平均资本（包括资金筹措和资金占用成本）。隐含成本包括创业者融资时所出让的所有权份额、融资不成功错失商机的机会成本和创业企业融资契约安排的代理成本。

首先，由于创业的风险比较大，投资者和债权人所要求的报酬率就比较高，如果是权益融资，投资者要求的所有权份额也比较高；其次，创业企业无法从诸如内部积累、股票市场、债券市场和银行等传统渠道获得资金，这样创业企业的资金筹措费用也会比较高；最后，创业融资是一种资金、管理与创意相结合的融资，创业者拥有创意和技术，而资金基本上由投资者和债权人提供，因此创业融资的代理成本比较高。

（二）创业融资的重要性

对绿领创客来说，创业融资有着十分重要的意义，主要表现在以下四个方面。

1. 创业融资是创业者及时抓住创业机会的重要手段。据统计，许多创业者失败的最直接原因就是缺乏可持续性的资金支持，而阻碍创业者的最大障碍亦是缺乏启动资金。

2. 创业融资是创业企业生存发展的基础。如果把企业比喻成一辆车，那么资金就是让车跑起来的汽油。资金不仅是企业生产经营过程的起点，更是企业生存与发展的基础。企业资金链断裂很可能导致企业破产。

3. 合理融资有利于降低创业风险。创业企业使用的资金，是从各种渠道借来的资金，都具有一定的资金成本。因此，合理选择融资渠道和融资方式，有利于降低资金成本，将创业企业的财务风险控制在一定范围之内。

4. 科学的融资决策有利于企业可持续发展，能够为创业企业植入"健康的基因"，保证企业的可持续发展。

（三）创业融资难的原因

1. 不确定性。众所周知，市场变化大是创业环境的重要特征，这就意味着创业活动本身面临着非常大的不确定性，在创业过程中存在诸多风险。

2. 信息不对称。一般而言，创业者比投资者对市场创业项目、自身能力、创新水平和市场前景更加了解，处于信息优势地位。与创业者相比，投资者处于信息相对劣势的地位。银行提供贷款时尤其注重规避风险，而风险的根源就是信息不对称。

（四）融资的基本原则

1. 融资总收益大于融资总成本。创业者必须经过深入分析，当确信利用筹集的资金所产生的预期总收益大于融资的总成本时，才有必要考虑融资问题。

2. 融资要量力而行。融资过多，会造成资金闲置浪费，并导致负债过多，增加风险；而融资不足又会影响企业投资计划的施展及其他业务的正常开展。因此，应根据资金需求、企业自身条件，以及融资的难易程度和成本情况，量力而行，确定融资规模。

3. 尽可能降低融资成本。融资成本是决定企业融资效率的关键因素，对于企业选择哪种融资方式有着十分重要的意义。

4. 确定恰当的融资期限。融资期限的选择主要取决于融资的用途和融资人的风险偏好。原则上，对于置办流动资产，适宜选择各种短期融资方式；对于进行长期投资或购置固定资产，适宜选择各种长期融资方式。

5. 选择最佳融资机会。融资决策要有超前预见性，创业者必须及时掌握各方面信息，科学预测政策、市场及环境等变化趋势，积极寻求并及时把握住各种有利时机。

6. 尽可能保持企业的控制权。企业控制权和所有权决定企业的战略方向、生产经营、利润和股东利益，放弃控制权一定要慎重，但也不能一味固守控制权不放。

7. 选择最有利于提高企业竞争力的融资方式。除了均可解决企业资金需求，不同融资方式对企业的信誉、产品市场份额乃至获利能力影响大不相同，因此，应选择最有利于提高企业竞争力的融资方式。

8. 寻求最佳资本结构。不同融资方式形成的不同资本结构直接影响资本成本，进而影响企业的市场价值。一般来说，只有当预期普通股利润增加的幅度超过财务风险增加的幅度时，借债才是有利的。

二、常用的融资渠道与方式

（一）政府政策性融资

政府的资金支持是绿领创客可以考虑的一个重要的资金来源。综合各个国家的情况，政府的资金支持一般能占到中小企业外来资金的 10% 左右。这些资金主要包括：税收优惠、财政补贴、贷款援助和开辟直接融资渠道等。

为了促进农村经济的发展和创新创业，国家出台了一系列扶持政策，为返乡入乡的绿领创客提供更多的机会和支持。人力资源和社会保障部、财政部、农业农村部要求各地明确返乡入乡创业人员同等享受当地创业扶持政策。对符合条件的返乡入乡创业人员，落实税费减免、场地安排政策，给予一次性创业补贴。对符合条件的返乡入乡创业企业，按规定给予社会保险补贴，并可参照新型农业经营主体支持政策给予支持。国家对农村创业者给予了一系列税收优惠政策，包括免征企业所得税、免征个人所得税、减免城镇土地使用税等。这些政策的出台，有效降低了创业者的税负，提高了其创业的积极性。科技扶持政策，包括技术创新补贴、科技成果转化奖励等，为农村创业者提供了更加专业的科技支持。

政策性融资的优点是：投入者为政府，不必担心其信用；很多投资一般是免费给予的，企业融资成本减少。而其缺点是申请程序较为严格，并需要办理较多的手续；政府每年投入资金有限，很多绿领创客在其他竞争者面前显得竞争力不足。因此，绿领创客应该积极做好应对：1. 关心政府政策面的信息，学习并了解政府产业扶持政策；2. 认真、严格地按照政府规定程序进行基金的申请，资料齐备，手续完善，避免申请过程走弯路。

（二）亲友融资

亲友融资即向直系家庭成员或其他亲朋好友筹款。在一般情况下，创业者或创业团队筹集创业启动资金最简单有效的途径就是向自己的亲友借钱，这是负债融资方式的一种。在我国，亲情、友情关系较为浓厚，创业者通过这一途径获得亲友的支持，筹集创业基金相对比较简单。但这种融资方式在一般情况下所能筹集的资金有限。

亲友融资的优点是风险小、速度快、成本低；而缺点则是，向亲友借钱进行创业，融资规模相对有限，而且容易给亲友带来资金上的风险甚至损失，一旦创业失败还有可能会影响彼此的感情。因此，绿领创客需要做好以下几点：1.创业者应巩固和提高自身与亲友间的亲情与友情，为取得亲友支持提供保障；2.在借钱的时候向亲友告知借钱的风险，避免后续二者之间产生嫌隙；3.向自己的亲友说明自己的创业计划，并在不损害企业利益和泄露企业机密的前提下对企业的可行性目标与预期收益进行说明；4.主动写好书面借据，并交给亲友；5.定期、如实地向亲友报告创业进展，并做好及时沟通；6.及时偿还借款，提高个人信誉；7.在条件允许的情况下，对亲友的创业支持提供有效的物质或精神回报。

（三）风投融资

1.创业投资。从一定角度来讲，创业投资就是风险投资，是指一切具有高风险、高潜在收益的投资，是一种融投结合的投资方式。创业者会通过出售企业部分股权给投资人，进而获得用于企业发展的资金。当然绿领创客一般情况下因为项目优势、企业规模等问题，获得创业投资相对较难。创业投资会青睐那些有科技含量、商业模式创新性强、有背景和发展迅猛的项目。绿领创客可以通过媒体、乡村振兴创业大赛、风险投资公司等获得投资机会。

在许多人眼里，创业者一旦获得风险投资，就一定能获得成功；但实际上，创业投资是高风险、高回报的资本博弈。因此，对于创业投资，绿领创客要认清和做好以下几点：1.在创业之初就想获得创业投资绝非易事，要有良好的心态；2.要对自己充满信心，若对自己企业或项目进行评估后认为有能力获得创业投资，可考虑接触创业投资；3.若未能获得创业投资，应再次对自身企业或项目进行合理性评估，并及时采取其他融资方式；4.永远要明白，投资人的关注目标永远是投资回报，而非企业项目或人；5.获得创业投资后无论企业如何发展都要注意，投资人在获得足够的利益后售卖企业股权可能会影响企业的生存和发展，创业者一定要有应对手段。

2.天使投资（Angel Investment）。天使投资是近年来风投融资的一种形式，是指富有的个人出资协助具有专门技术或独特概念的原创项目或小型初创企业，进行一次性的前期投资。它是风险投资的一种形式，但又有自身的特点，天使投资是非组织化的创投形式，资金大多来源于民间，而非专业投资组织。目前，随着国家对民间资本的放开，民间投资已向科教、文化、卫生、保险、金融及基础设施等领域发展，不再局限于传统的服务业或制造业，这对正在寻求资金的绿领创客来说无疑是一个好消息。天使投资门槛相对较低，无论是一个创业构思还是已经开展的创业项目，只要有发展的潜力，都可以获得资金的支持；而对创业投资来说，这些刚起步或者还未见雏形的企业或项目根本无法引起他们的兴趣。

天使投资的优点主要是投资申请程序较为简单，获得融资的速度快，融资门槛较低；而缺点则是民间投资人在投资的过程中总想获得企业控制权或者企业主导权，而对许多绿领创客来说，他们对企业或项目的控制欲望要比其他人来得更加强烈，二者很容易由此产生矛盾纠葛。因此，为了避免此类矛盾的发生，要做好两点：1.绿领创客需要对民间投资资本进行有效的调研；2.创业者有必要在投资发生前与投资人进行谈判，书面记下权责归属并签字确认，避免今后可能产生问题。

（四）合伙融资

合伙融资即按照共同投资、共同经营、共担风险、共享利润的原则，直接吸收个人或相关单位的投资的一种融资途径。在当今社会，创业团队对创业来说非常重要，绿领创客一般都会因为资金和人员的问题尝试合伙创业，这样做不但能有效地筹集资金，还能充分发挥团队的凝聚力，容易形成对各种资源的有效整合与利用，降低创业风险；而缺点则是合伙人多了，老板也就多了，这样就容易产生意见不一致，或者使合伙人因权利与义务不对等而产生矛盾。因此，在进行合伙融资后，创业者主要要做好两点工作：1.根据资金、智力、人脉资源等的投入情况，在创业初期必须明确每个合伙人各自的投资份额，将其写入公司章程；2.及时做好信息交流和沟通，统一意见，减少不必要的误解与分歧发生，实现相互尊重，形成企业目标共识。

（五）金融机构贷款融资

银行因财力雄厚，且多数具有政府背景，所以在创业者群体中很有群众基础。从目前银行运作的情况来看，银行贷款主要有如下四种：1.抵押贷款，即借款人向银行提供相关固定资产等作为信贷抵押物的贷款方式；2.信用贷款，即贷款人凭个人的身份，在无须抵押物的情况下，银行向借款人发放贷款；3.担保贷款，即贷款人凭担保人的信用接受银行放贷；4.贴现贷款，即借款人因资金紧张，将未到期票据作为依据向银行申请贷款。金融机构贷款融资的优点是融资成本低，可在税前抵扣利息支出，运营情况较好的企业可续贷；而缺点是企业首先必须要有一定的自有资金，贷款基本需要有一定的抵押物，到期还本付息的压力较大，而且偿还时间规定较为严格。

当前，国家出台了一系列金融扶持政策，包括贷款利率优惠、贷款额度增加、风险补偿、担保费用减免等，以帮助绿领创客获得更多的资金支持。此外，国家还设立了创业担保贷款、农村信用社贷款等专门针对农村创业者的贷款产品，为其提供更加便捷的融资渠道。因此，绿领创客在申请金融机构贷款的时候要注意：1.从申请银行贷款之日起，必须做好打持久战的心理准备；2.在申请银行贷款之前，要做好企业自身的资金需求、财务情况、投资回收期和举债能力的综合分析，考虑周全；3.要利用政策性条件为获得银行贷款提供便利。

（六）众筹

众筹指通过互联网方式发布筹款项目并募集资金。相对于传统的融资方式，众筹更为开放，能否获得资金也不再以项目的商业价值作为唯一标准。只要是网友喜欢的项目，创业者就可以通过众筹方式获得项目启动的第一笔资金。众筹为更多小本经营的绿领创客提供了无限的可能。众筹的优点主要有：低门槛；方向具有多样性，项目类别包括设计、科技、音乐、影视、食品、漫画、出版、游戏、摄影等；支持者通常是普通的草根民众，而非公司、企业或是风险投资人；注重创意。其缺点主要有：不成熟；众筹合法性存疑；失败没有二次机会。因此，绿领创客在采用众筹方式筹集资金的时候要注意：1. 尽力争取其他融资渠道和方式，把众筹作为最后的考虑；2. 众筹之前要做好综合分析，考虑周全；3. 要有针对众筹失败的应急对策。

三、创业融资过程

绿领创客在创业阶段的风险较大，融资相对较难，如果不认真做好准备工作，成功的希望就会非常渺茫。在缺乏相关经验的情况下，即使意外成功，交易结构和投资条款也对企业很不利，会为今后的发展埋下隐患。所以，创业企业要成功实现融资，必须预先做好融资准备工作。

（一）融资前的准备

所谓"知己知彼，百战不殆"，融资准备工作也必须从"内外"两大因素入手：做好内部建设，对企业现状和发展前景有清晰的认识；同时逐步了解外部的融资环境，可以通过聘请专业融资顾问获得帮助，为成功融资创造条件。具体包括以下几项。

1. 企业自身建设

涉及赢利模式、管理团队、市场客户和产品技术等几大要素。其中管理团队具有管理能力、凝聚力和进取心，是创业成功的重要保证。

做好融资前准备。在市场经济条件下，个人诚信是无形资产，能有效拓展获取各项资源的渠道。此外，绿领创客需要广泛搭建人脉，与现实、与潜在的资金提供者建立和发展良好的融资关系。

2. 制定融资战略

需要考虑的问题有：融资的时机、所需资金的数量、融资采取的方式、创业所需的资金。在筹集资金之前，要运用科学的方法测算出创业大致所需的资金量，包括启动资金和可持续发展资金。

3. 资料和人员的准备

撰写创业计划书，将企业的情况和融资计划表达成简明、有说服力的书面文档，凸显企业价值，使投资者通过相关材料对企业有清楚的认识。好的创业计划书，不仅有助于通盘考虑创业启动阶段所需的资金量，还具有帮助获得风险投资支持的不可替代的作用。

4. 聘请外部专家

由于创业者往往缺乏融资经验和时间精力，因此聘请专业融资顾问应该是最好的选择，他们将为融资的各个步骤提供专业意见，并利用积累的融资渠道为企业引荐合适的投资者。

5. 选择合适的融资方式与融资渠道

需要注意的是，随着融资各项工作逐步完成，内部操作人员缺乏专业素质可能会导致融资谈判失败。所以适当地组织内部人员参加专业培训也是重要的准备。

6. 接触潜在投资者

创业者和投资者之间是一种长期合作关系，需要达成充分的了解与信任。创业企业应在广泛调研的基础上，根据自身的发展模式和价值取向进行接触与选择。事实上在与投资者的交流中，创业者往往能够获得很多有利于企业发展的宝贵建议。

（二）融资资料的准备与策划

融资资料是投资者要求企业提供的各种形式的文字、数据、图片的总称，其核心是创业计划书。创业计划书是把投资者关注的主要问题以一定格式描述出来的重要信息载体，其主要内容包括企业概况、优势、资金的用途、项目的风险和效益测算、融资工具、还款来源、投资退出方式等。融资资料的准备与策划就是按照特定的融资工具、融资渠道的要求，出于对投资者安全保障的考虑，对融资有关的信息进行收集、挖掘、加工处理，并按一定格式加以表述的过程。

融资资料是企业与投资者沟通的主要方式，在大多数情况下，创业计划书已经是项目融资方和投资者之间交流不可缺少的桥梁和语言。能否有这样一套完整的语言，是企业融资能否成功的关键。现在，大部分绿领创客对项目融资的资料准备和创业计划书编写比较重视，但对债权类融资不够重视。对于债权类融资来说，有与没有创业计划书大不一样。如何让投资者看中，需要绿领创客苦下一番功夫。

四、创业所需资金的测算

在起步之前，绿领创客需要知道创业究竟需要多少启动资金。新创企业投入运营后，很难立刻获得收入，为了保证企业在启动阶段业务运转顺利，在企业经营达到收支平衡之前，绿领创客必须准备足够的资金以支付各种费用。如果低估了需求，那么企业在开始赢利之前，可能就已经用光了运营资金。而过高地预测了成本又可能导致企业永远都无法筹集到足够的资金来起步。因此，正确测算创业所需资金，有利于确定筹资数额，降低资金成本。

（一）启动资金的类型

启动资金用来支付场地（土地和建筑）、设备、机器、原材料和商品库存、营业执照和许可证办理、开业前广告和促销、工资，以及水电费和电话费等费用。这些支出可以被归为两类。

投资（固定资产）是指为企业购买的价值大、使用寿命长的东西。有的企业用很少的资金就能开办，而有的却需要大量的投资才能启动。明智的做法就是把必要的投资降到最低限度，让企业少担些风险。

流动资金是指企业日常运转所需要支出的资金。

（二）投资（固定资产）预测

固定资产一般分为场地，以及设备两类。

1. 场地

绿领创客开创事业时，一般需要有适用的场地和建筑，如工作室、厂房、店铺等。有些人还会利用自己的家庭住所来降低开业成本。

考虑需要什么样的场地和建筑后，要做出以下选择。

（1）造房

如果绿领创客对建筑有特殊要求，那就最好自己建造，但这需要大量的资金和时间。

（2）买房

如果能在优越的地点找到合适的建筑，就购买现成的厂房或者类似建筑，既简单又快捷。但现成的房子往往需要经过改造才能满足绿领创客的需要，而且绿领创客往往需要为此花费大量的资金。

（3）租房

农村有很多不住人的旧房子，可以向屋主或者村委会等申请租赁，将其用作创业的场地。租房比造房和买房所需的启动资金要少，也更灵活。当绿领创客需要改变经营地点时，租房就会容易得多，租房的缺点是不够安定。

（4）自己的住所

绿领创客回农村创业，如果对场地面积要求不是太高的话，完全可以借助自家的房屋和院子来创业。

事实上，政府已经开始妥善解决绿领创客创业的用地问题，把回乡创业生产的经营用地统筹纳入城乡发展总体规划，并做好基础设施及配套建设。同时也允许将集体建设用地用于绿领创客的创业，比如绿领创客可以利用闲置土地、厂房、镇村边角地、农村撤并的中小学校舍、荒山、荒滩等地方进行创业。政府将按照依法、自愿、有偿的原则，鼓励土地在有资金、懂技术的绿领创客手中流转。

越来越多的地方政府开始与企业合作，在乡村地区建设创业基地，为绿领创客提供实践和试错的机会。在基地内可以设立培训中心、孵化器等机构，帮助绿领创客提升技能，解决实际问题。

2.设备

设备是指绿领创客创业时需要的所有机器、工具、车辆、办公家具等。农机制造、养殖培育等行业最大的需要往往是设备。绿领创客如果需要在设备上大量投资，就应慎重考虑，精打细算，也可以考虑租赁设备。

（三）流动资金预测

创业企业往往需要运转一段时间才能有营业收入。制造业企业在销售之前必须先把产品生产出来；服务业企业在开始提供服务之前需要购买材料和用品；零售商和批发商在卖货之前必须先买货。所有创业项目在招揽客户时都必须花时间和费用进行促销，而流动资金往往就被用来支付促销费、租金、工资、保险和其他费用等。

一般而言，刚开始的时候销售并不一定顺利，因此绿领创客要把流动资金计划得宽裕些。最好预测一下，在获得营业收入之前，自己的创业项目能支撑多久。在一般情况下，拥有足以支付开办后6个月的全部费用，即拥有足够的资金。

（四）融资规模的确定

1.融资规模的测算公式

绿领创客在考虑创业企业资金需求总量时，可按下述公式计算。

资金需求总量＝流动性资金需求量＋偿债性资金需求量＋投资性资金需求量（投资性资金需求量＝固定投资资金需求量＋资本运营资金需求量＋投机资金需求量）

流动性资金需求主要是用于维持生产、扩大规模、支付费用、弥补收入的季节性差异，以及承接新合同、需要垫资或增加投入的资金。

偿债类资金需求主要是为保持信誉，需要归还银行到期贷款、供应商货款和其他外部借款等所需的资金。

固定投资资金需求主要是购买生产用设备及购建厂房、不动产的费用。

资本运营资金需求主要是办理银行承兑汇票的保证金，购买土地、办理土地证费用，为获得某种资质或资格，扩大企业资本金，收购企业等所需资金。

投机资金需求主要是用于买卖有价证券和股票、土地和房产及不良资产等所需的资金。

2.融资规模的测算方法

测算融资规模的方法大致包括三种，即定性分析法、实际核算法及财务报表分析法。对于创业企业，大多采用实际核算法。

3.创业企业在不同阶段的各类资金需求经验数据

企业资金的使用方向主要集中在四个方面：技术及产品开发、生产设备、拓展市场及人力资源。企业在不同阶段的资金需求经验数据参见表5-1。

表5-1 创业企业不同发展阶段的各类资金需求经验数据

	技术及产品开发	生产设备	拓展市场	人力资源
种子阶段	50%	10%	5%	35%
创业阶段	40%	20%	10%	30%
成长阶段	20%	30%	25%	25%
发展阶段	10%	35%	35%	20%

（五）投资资金的测算

对创业投资资金进行估算，需要丰富的企业管理经验，以及对市场行情的充分了解。为了较准确地估算创业投资资金，绿领创客应做好分类列表，而且越详细越好。一个可靠的办法就是集思广益，考虑所有需要花钱的地方，从有形商品（如场地、库存、设备和固定设施）到专业服务（如装修、广告和法律事务），分门别类，再逐一计算创业启动时需要支付的金额，如表5-2所示。

表 5-2　投资资金估算表

单位：元

序号	项目	数量	金额
1	房屋、建筑场地		
2	设备		
3	办公家具		
4	员工工资		
5	创业者工资		
6	市场调查费用		
7	店铺租金		
8	购买原材料费用		
9	宣传广告费用		
10	水电费		
11	保险费		
12	设备维修费		
13	员工培训费		
14	差旅费		
15	开办费		
16	……		
n	合计		

（六）营运资金的测算

营运资金是指新创企业从开业到盈亏平衡，为保证日常正常运转所必不可少的周转资金。广义的营运资金，又称总营运资本，是指一个企业投放在流动资产上的资金，具体包括现金、有价证券、应收账款、存货等占用的资金。狭义的营运资金是指某时点企业的流动资产与流动负债的差额。营运资金的测算步骤如下。

第一步，测算新创企业营业收入。

测算营业收入是制订财务计划、编制预计财务报表的基础，新创企业无既往销售业绩可供参考，只能依据市场调查结果、销售人员意见、专家咨询回复，甚至同类创业企业的销售量等，预测月度、季度乃至年度的销售量，再根据定价估算营业收入。绿领创客可以通过表 5-3 来进行营业收入的预测。

表5-3　营业收入预测表

单位：元

项目		1	2	3	4	5	6	7	……	合计
产品一	销售数量									
	平均单价									
	营业收入									
产品二	销售数量									
	平均单价									
	营业收入									
……	……									
合计	营业收入									

第二步，编制预计利润表。

利润表，又称损益表，是反映企业在一定时期内经营成果的会计动态报表，如表5-4所示。

表5-4　利润表

单位：元

项目	1	2	3	4	5	6	……	n
一、营业收入								
二、营业成本								
税金及附加								
销售费用								
管理费用								
财务费用								
三、营业利润（损失以"–"填列）								
加：营业外收入								
减：营业外支出								
四、利润总额（损失以"–"填列）								
减：所得税费用								
五、净利润（损失以"–"填列）								

第三步，编制预计资产负债表。

资产负债表，亦称财务状况表，是反映企业在一个时点全部资产、负债和所有者权益的财务报表，是企业经营活动的静态体现。

资产负债表根据"资产 = 负债 + 所有者权益"这一会计等式，依照一定的分类标准和要求编制而成，是会计上重要的财务报表。其最重要的功能在于，它确切地反映企业的营运状况和企业需要外部融资的数额，如表5-5所示。

表5-5 资产负债表

单位：元

项目	1	2	3	4	5	6	……	n
一、流动资产								
货币资金								
应收账款								
存货								
其他流动资产								
流动资产合计								
二、非流动资产								
固定资产								
无形资产								
非流动资产合计								
资产合计								
三、流动负债								
短期借款								
应付账款								
应交税费								
其他应付款								
流动负债合计								
四、非流动负债								
长期借款								
其他非流动负债								
非流动负债合计								
负债合计								
五、所有者权益								
实收资本								

续　表

项目	1	2	3	4	5	6	……	n
资本公积								
盈余公积								
所有者权益合计								
负债和所有者权益合计								

　　创业融资不只是一个技术问题，还是一个社会问题，绿领创客应建立良好的个人信用，积累社会资本，测算不同阶段的资金需求，写好创业计划书。突破创业融资束缚，可以提升创业的成功率，这需要政府、社会、金融机构等协调配合，形成合力，为创业融资乃至整个创业进程保驾护航。

　　在市场经济的发展过程中，由于缺乏社会经验和管理能力，绿领创客在融资过程中面临着巨大的风险。因此，在公司创立后，绿领创客应了解税法和财务制度，应聘请有从业资格的专业人员从事财务工作。在创业融资中，要懂得民商事法律、知识产权及行业管理的相关法律法规，及时向法律顾问或律师寻求帮助，规范操作，降低创业融资风险。

　　绿领创客只有解决好了融资问题，才能将自己的技术和创意转化为赢利工具，才能在激烈的市场竞争中立于不败之地。因此，绿领创客创业时需要恪守职业道德，拓宽融资渠道，对投资人负责，对债务负责，使企业健康茁壮成长。

第六章

制订创业计划书

第一节 创业计划书格式

绿领创客在经过前面一系列的思考或学习之后，创业的构思也就基本成形了。当绿领创客已明确创业动机与目标，并在资金、人脉、市场等各方面都准备妥当或已经积累了相当的实力时，接下来所要做的就是把自己脑海中思索的所有过程、思路与想法，统统写下来。一来通过书写使自己的创业思路更加清晰；二来写出来的东西，后续或许能为争取更多的创业投资资金提供书面的帮助。这个要写出来的东西，就是完整的创业构想，也就是创业计划书。

一、编制创业计划书的意义和作用

创业计划书是创业者就某一项具有市场前景的产品，向潜在投资者、合作伙伴等游说，以取得合作支持或风险投资的可行性商业报告，又叫商业计划书。创业计划书是整个创业过程的灵魂，这份白纸黑字的创业计划书详细记载了有关创业的一切内容，包括创业类型、资金规划、阶段目标、财务预估、营销策略、可能的风险及评估、内部管理规划等。创业计划书的意义和作用主要体现在以下两方面。

（一）厘清思路，准确定位

可能许多绿领创客在刚开始投入一项事业的时候，凭借的仅仅是一腔热情，然而当真正着手去做一些事情的时候，才会发现需要考虑的地方何止一处两处。如果要做到未雨绸缪，就需要制订一份创业计划书，这样就不会轻易偏离自己原先预定的方向。

在进行创业融资之前，创业计划书首先应该是给创业者自己看的。办企业不是"过家家"，创业者应该以认真的态度对自己所有的资源、已知的市场情况和初步的竞争策略做尽可能详尽的分析，并提出一个初步的行动计划，通过创业计划书使自己心中有数。

另外，编制创业计划书还是准备创业资金和进行风险分析的必要手段。

对初创的企业来说，创业计划书尤为重要，一个酝酿中的项目，往往很模糊，如能通过编制创业计划书，把正反理由都书写下来，然后再逐步推敲，创业者就能对这一项目有更加清晰的认识。可以说，创业计划书首先是把计划中要创立的企业推销给创业者自己。

（二）获得创业融资

创业计划书作为一份全方位的项目计划，它对即将展开的创业项目进行可行性分析的过程，也是在向风险投资人、银行、客户和供应商宣传拟建的企业及其经营方式，包括企业的产品、营销、人员、制度、管理等各个方面。所以，创业计划书的另外一个重要作用就是帮助绿领创客把计划中的企业推销给风险投资人。因此，创业计划书还要说明创办企业的目的、创办企业所需的资金，回答为什么投资人值得为此注入资金等一些问题。

此外，对于已建立的创业企业来说，创业计划书还可以为企业的发展定下比较具体的方向和重点，从而使员工了解企业的经营目标，并激励他们为共同的目标而努力。

二、创业计划书的基本格式

创业计划书通常包括封面、保密要求、目录、摘要、正文（综述）、附录等。

（一）封面

封面（标题页）可以放一张企业的项目或产品彩图，但须留出足够的版面排列以下内容：创业计划书编号、公司名称、项目名称、项目单位、地址、电话、传真、电子邮件、联系人、公司主页及日期等。

（二）保密要求

保密要求可放在标题页，也可放在次页，主要是要求投资方项目经理妥善保管创业计划书，未经融资企业同意，不得向第三方公开创业计划书涉及的商业秘密。

（三）目录

目录标明各部分内容及页码，要注意确认目录页码同内容的一致性。

（四）摘要

摘要是对整个创业计划书的概括，目的在于用最简练的语言将创业计划书的核心、要点及特色展现出来，吸引阅读者仔细读完全部文本。因此，摘要一定要简练，一般要求在两页纸内完成。摘要十分重要，它是出资者首先要看的内容，因而必须能让读者有兴趣并渴望继续阅读创业计划书。摘要应从正文中摘录出投资者最关心的问题，包括对公司内部的基本情况、公司的能力及局限、公司的竞争对手、营销和财务战略、公司的管理队伍等情况的简明而生动的概括。如果公司是一本书，摘要就像是这本书的封面，做得好就可以把投资者吸引住。

（五）正文

正文是创业计划书的主体部分，要分别从公司基本情况、经营管理团队、产品、技术研究与开发、行业及市场预测、营销策略、经营管理、融资计划、财务预测及风险控制等方面对投资者关心的问题进行介绍，要求既有丰富的数据资料，使人信服，又要突出重点，实事求是。

（六）附录

附录是对正文中涉及的相关数据、资料的补充，作为备查。

三、创业计划书的内容与要点

（一）摘要

摘要是为了吸引战略合伙人与风险投资人的注意而将创业计划书的核心提炼出来形成的，它是整个创业计划书的精华，涵盖创业计划书的要点。一般要在后面所有内容编制完毕后，再把主要结论性内容摘录于此，以求一目了然，在短时间内给使用者留下深刻的印象。

在摘要中，企业必须写明下列事项：

1. 企业所处的行业，企业经营的性质和范围；

2. 企业主要产品的情况；

3. 企业的市场在哪里，谁是企业的顾客，他们有哪些需求；

4. 企业的合伙人、投资人是谁；

5. 企业的竞争对手是谁，竞争对手对企业的发展有何影响；

6. 投资数量和方式；

7. 投资回报及安全保障。

摘要如同推销产品的广告，编制人对摘要要反复推敲，精益求精，力求形式完美、语句清晰流畅而富有感染力，以引起投资人阅读创业计划书全文的兴趣，特别要详细说明企业自身的不同之处及企业获取成功的市场因素。

（二）企业介绍

这一部分是向战略合伙人或者风险投资人介绍融资企业或项目的基本情况。具体而言，如果企业处于种子期或创建期，现在也只有一个美妙的商业创意，那么，应重点介绍创业者的成长经历、求学过程，并突出其性格、兴趣爱好与特长，创业者的追求，独立创业的原因，以及创意如何产生。

如果企业处于成长期，应简明扼要介绍企业过去的发展历史、现在的状况，以及未来的规划。具体而言，包括：企业概述；企业名称、地址及联系方式；企业的业务状况；企业的发展经历；对企业未来发展的详尽规划；本企业与众不同的竞争优势；企业的法律地位；企业的公共关系；企业的知识产权；企业的财务管理及纳税情况；企业的涉诉情况等。在描述企业发展历史时，正反的经验都要写，特别是对以往的失误进行客观描述，中肯地进行分析，这能够赢得投资者的信任。

（三）管理团队介绍

管理团队（包括技术团队、营销团队、财务团队）是投资者非常看重的，这部分主要是向投资者展现企业管理团队的结构、管理水平和能力、职业道德与素质，使投资者了解管理团队的情况，增强投资信心。

这部分主要介绍管理团队的工作简历、取得的业绩，尤其是与目前从事工作有关的经历和成绩。另外，可以着重介绍企业目前的管理模式。如果无特色，也可以不介绍，或者归入劣势部分。

在编写过程中，首先，必须对企业管理的主要情况做出全面介绍，包括企业的主要股东及他们的股权结构、董事和其他一些高级职员、关键的雇员和其他企业管理人员的职权分配和薪金情况，必要时，还要详细介绍他们的经历和个人背景。企业的管理人员应该是互补型的，而且要具有团队精神。一个企业必须要具备负责产品设计与开发、市场营销、生产作业管理及企业理财等方面的专门人才。

其次，在这部分创业计划书中，还应对企业组织结构做一定简要介绍，包括企业的组织机构图、各部门的功能与责任、各部门的负责人及主要成员、企业的报酬体系等。

这部分应让投资者认识到，创业者具有与众不同的凝聚力和团结战斗精神，管理团队人才济济且结构合理，在产品设计与开发、财务管理及市场营销等各方面均具有独当一面的能力，足以保证企业以后成长发展的需要。

（四）产品介绍

在进行投资项目评估时，投资人最关心的问题之一就是，企业的产品能否，以及能在多大程度上解决现实生活中的问题。或者，企业的产品能否帮助顾客节约开支，增加收入。这是市场销售业绩的基础。

产品介绍一般包括以下内容：产品的名称、特性及用途；产品处于生命周期的哪一阶段，市场竞争力如何；产品的研究和开发过程；产品的技术改进、更新换代或新产品研发计划及相应的成本；产品的市场前景预测；产品的品牌和专利。

在这一部分，要对产品做出详细的说明，说明要准确，也要通俗易懂，让不是专业人员的投资者也能明白。具体说，产品介绍必须要回答以下问题。

1. 顾客希望企业的产品能解决什么问题？顾客能从企业的产品中获得什么好处？

2. 企业的产品与竞争对手的产品相比有哪些优缺点？顾客为什么会选择本企业的产品？

3. 企业为自己的产品采取了何种保护措施？企业拥有哪些专利、许可证，或与已申请专利的厂家达成了哪些协议？

4. 为什么企业的产品定价可以使企业产生足够的利润？为什么用户会大批量地购买企业的产品？

5. 企业采用何种方式去改进产品的质量、性能？企业对发展新产品有哪些计划？

此外，一些以技术研发为重点业务的高新技术企业还要对相关技术及企业研发情况进行分析，包括：企业技术来源，技术原理，技术先进性及技术可靠性，技术未来发展趋势，公司的技术研发力量，公司研究开发新产品的成本预算及时间进度，技术的专利申请、权属及保护情况，技术发展后劲和技术储备等，以使投资者对企业的技术研发队伍的实力、企业未来竞争力有所了解。

产品介绍的内容比较具体，因而写起来相对容易。虽然夸赞自己的产品是应当应分的，但应该注意，双方所建立的是一种长期合作的伙伴关系。空口许诺，只能得意于一时。如果企业不能兑现承诺，不能偿还债务，企业的信誉必然要受到极大的损害，这是为真正的企业家所不屑的。

（五）行业与市场分析预测

行业与市场分析主要对企业所在行业基本情况、企业的产品的现有市场情况、未来市场前景进行分析，使投资者对产品的市场销售状况有所了解。这是投资者关注的重点问题之一。

行业分析主要介绍行业发展趋势、行业发展中存在的问题、国家有关政策、市场容量、市场竞争情况、行业主要赢利模式、市场策略等。

市场分析包括已占有市场的现状、新产品的市场前景预测等几个部分。

市场现状包括：企业在以往经营中拥有了什么样的和多少用户？市场占有率如何？市场竞争情况如何？是否已经建立了完整的市场营销渠道？

市场前景预测，首先要对需求进行预测。市场是否存在对这种产品的需求？需求程度是否可以给企业带来所期望的利益？新的市场规模有多大？需求发展的未来趋向及其状态如何？影响需求的都有哪些因素？新产品或新服务的潜在目标顾客和目标市场是什么？

市场前景预测还要包括对市场竞争的情况——企业所面对的竞争格局进行分析：市场中主要的竞争者有哪些？是否存在有利于本企业产品的市场空当？本企业预计的市场占有率是多少？本企业进入市场会引起竞争者怎样的反应？这些反应对企业会有什么影响？

为此，企业首先应尽量扩大收集信息的范围，重视对环境的预测和采用科学的预测手段和方法。让投资者相信，你的预测是建立在科学的基础之上的。其次，企业要注意自己所假设的一些前提条件（特别是宏观经济发展、消费者偏好及消费能力等），并且要根据前提条件可能发生的变化对市场前景预测做出必要的调整。千万不能单凭想象，做出不切实际的美好的前景估计。

（六）市场营销策略

企业的产品最终都要拿到市场上检验，营销成败直接决定了企业的生存命运。

市场营销策略的内容应包括：营销机构和营销队伍的建立、营销渠道的选择和营销网络的构建、广告策略、促销策略、价格策略、市场渗透与开拓计划、市场营销中意外情况的应急对策等。

在介绍市场营销策略时，创业者要讨论不同营销渠道的利弊，要明确哪些企业主管专门负责销售、主要使用哪些促销工具，以及促销目标的实现和具体经费的支出等。

一般来说，中小企业可选择的市场营销策略有以下几种。

1. 集中性营销策略，即企业只为单一的、特别的细分市场提供一种类型的产品（如制造汽车配件）。这种方法尤其适合那些财力有限的小公司，或者是在为某种特殊类型的顾客提供服务方面确有一技之长的组织。

2. 差异性营销策略，即为不同的市场设计和提供不同类型的产品。这种策略大多为那些实力雄厚的大公司所采用。

3. 无差异性营销策略，即只向市场提供单一品种的产品，希望它能引起整体市场上全部顾客的兴趣。当人们的需求比较简单，或者产品并不被人们认为很重要时，该策略较为适用。

（七）生产制造计划

生产制造计划旨在使投资者了解产品的生产制造状况。这一部分应尽可能地把新产品的生产制造及经营过程展示给投资者。主要的内容包括：

1. 公司现有的生产技术能力，企业生产制造所需的厂房、设备情况；

2. 质量控制和改进能力；

3. 新产品的生产经营计划，改进或将要购置的生产设备及其成本；

4. 现有的生产工艺流程，生产周期标准的制定及生产作业计划的编制；

5. 物资需求计划及其保证措施，供货者的前置期和资源的需求量；

6. 劳动力和雇员的有关情况。

同时，为了提升企业的评估价值，绿领创客应尽量使生产制造计划更加详细、可靠。

（八）财务分析与预测

这部分包括企业过去若干年的财务状况分析、今后五年的发展预测，以及详细的投资计划。撰写财务分析与预测，旨在使投资者据此判断企业未来经营的财务状况，进而判断其投资能否获得理想的回报，因而它是决定投资者是否做出投资决策的关键因素之一。

1. 过去若干年的财务状况，包括过去三年的现金流量表、资产负债表、利润表和每年度的财务总结报告书。如果企业刚刚成立，应该讲述创业者对财务管理重要性的认识。

2.今后五年的发展预测，主要是明确说明财务预测的依据、前提假设和预测方法，然后给出企业未来五年预计的资产负债表、利润表及现金流量表。

财务预测的依据、前提假设是投资者判断企业财务预测准确性和财务管理水平的标尺，也是投资者关注的焦点。绿领创客要在这部分明确回答下述问题：

1.产品在每一个期间的销售量是多少？

2.什么时候开始产品线扩张？

3.每件产品的生产费用是多少？

4.每件产品的定价是多少？

5.使用什么分销渠道？预期的成本和利润是多少？

6.需要雇用哪几种类型的人员？雇用何时开始？工资预算是多少？

鉴于财务分析预测在经营管理中拥有重要的地位，企业需要花费较多的精力来做具体分析，必要时最好与专家顾问进行商讨。

对于中小企业来说，财务预测既要为投资者描绘出美好的合作前景，同时又要使得这种前景建立于坚实的基础之上，否则反而会令投资者怀疑企业管理者的诚信或财务分析、预测及管理能力。

（九）融资计划

融资计划主要是根据企业的经营计划提出企业资金需求数量，融资的方式与工具，投资者的财务收益、资金安全保证和投资退出方式等。它是资金供求双方对共同合作前景的计划分析。

融资计划的要回答以下问题：

1.融资数额是多少？已经获得了哪些投资？希望向战略合伙人或风险投资人融资多少？计划采取哪种融资工具，是以贷款、出售债券，还是以出售普通股、优先股的形式筹集？

2.企业未来的资本结构如何安排？企业的全部债务情况如何？

3.企业融资所提供的抵押、担保文件，包括以什么物品进行抵押或者质押，由什么人或者机构提供担保？

4.投资收益和未来再投资的安排如何？

5.如果以股权形式投资，双方对企业股权、控制权及所有权比例如何安排？

6.投资者介入企业后，企业的经营管理体制如何设定？

7.投资资金如何运作？投资的预期回报是多少？投资者如何监督、控制企业运作？

8.对于吸引风险投资的，风险投资的退出途径和方式是什么，是企业回购、股份转让，还是企业上市？

这部分是融资协议的主要内容，企业既要对融资需求、用途提出令人信服的理由，又要有令人心动的投资回报和投资条件，同时也要注意维护企业自身的利益。其基础是企业的财务分析与预测。

由于与资金供给方合作的模式可能有多种，因此还需设计几种备选方案，给出不同赢利模式下的资金需求量及资金投向。

（十）风险分析

这部分内容主要是向投资者分析企业可能面临的各种风险隐患、风险的大小，以及企业将采取何种措施来降低或防范风险、增加收益等。主要包括：

1.企业自身各方面的限制，如资源限制、管理经验的限制和生产条件的限制等；

2.创业者自身的不足，包括技术上的、经验上的或者管理能力上的欠缺等；

3.市场的不确定性；

4.技术产品开发的不确定性；

5.财务收益的不确定性；

6.企业进行风险控制与防范的对策或措施。

对于可能面临的各种风险，企业最好采取客观、实事求是的态度，既不能因为其产生的可能性小而忽略不计，也不能为了增大获得投资的机会而故意缩小、隐瞒风险因素，而应该对企业所面临的各种风险都认真地加以分析，并针对每一种可能发生的风险做出相应的防范措施，这样才能取得投资者的信任，也有利于引入投资后双方的合作。

（十一）附件和备查资料

附件主要是对创业计划书中涉及的一些问题进行细节的补充，提供相关的证书、图表描述或证明，如企业的营业执照、公司章程、验资审计报告、税务登记证、高新技术企业（项目）证书、专利证书、鉴定报告、市场调查数据、主要供货商及经销商名单、主要客户名单、场地租用证明、公司及产品的介绍和宣传资料、工艺流程图、各种财务报表、财务预估表及专业术语说明等。它与创业计划书的主体部分一起装订成册。

备查资料只需列出清单，待资金供给方有投资意向时查询。

第二节　创业计划书的编写步骤及完善

一、创业计划书的编写及完善

（一）创业计划书的编写

创业计划书是绿领创客在对行业、市场进行充分研究的基础上编写完成的。在编写创业计划书时，要注意措辞准确、行文条理清晰、简明扼要。步骤可以参考如下。

1. 经验学习

初创企业的绿领创客没有编写创业计划书的经验，此时，绿领创客可以先搜集国内外较为成功的类似项目的范文、模板及其他相关资料，研究这些资料的内容、结构和写作手法，吸收其中有用的部分，厘清自己编写的思路。

2. 企业构思

绿领创客在创业之前，要冷静分析、谨慎决策，考虑多方面的问题。企业的名称怎么起？创业模式怎么选择？企业的产品怎样定位？如何找到投资人？会面临哪些风险？

3. 市场调研

绿领创客要通过科学的方法，有目的、有计划地收集、整理、分析有关供求、资源的各种情报、信息和资料。市场调研是展现现有市场和预测未来发展趋势的调研活动，它为绿领创客制定营销策略和企业决策提供了正确、有效的依据。

4. 方案起草

收集到足够的信息后，绿领创客即可开始起草创业计划书。由于创业计划书中包含的内容众多，所以绿领创客在制订计划时要明确各个部分的作用，做到有的放矢。同时可以制订一个任务表，在表中将需要完成的各项任务细化出来，标明其先后顺序、负责人等。有条件的话，还应咨询律师或顾问的意见，确保创业计划书中的内容和文字没有歧义，不会产生误解。

（二）创业计划书的完善

创业计划书有很多形式，一般同时提供两种版本：一种是完整版本（word 格式），一种是摘要版本（PPT 格式）。

在创业计划书编制完成之后，绿领创客还应对创业计划书进行检查完善，以确保创业计划书能准确回答投资者的疑问，增强投资者对创业项目的信心。通常，可以从以下几个方面对创业计划书加以检查。

1. 创业计划书是否显示出绿领创客具有管理公司的经验。如果绿领创客缺乏管理公司的能力，那么一定要明确地说明，还有其他能干的管理者参与了企业的经营。

2. 创业计划书是否显示了企业有能力偿还借款。要保证给预期的投资者提供一份完整的财务比率分析报告。

3. 创业计划书是否显示出企业已进行过完整的市场分析。要让投资者坚信创业计划书中阐明的产品需求量是确实的。

4. 创业计划书是否容易被投资者所领会。创业计划书应该备有索引和目录，以便投资者可以方便地查阅各个章节。此外，还应保证目录中的信息流是有逻辑的和现实的。

5. 创业计划书中是否有摘要并被放在了最前面，摘要是否写得引人入胜。

6. 创业计划书是否在文法上全部正确。如果不能保证，那么最好请人帮忙检查一下。创业计划书的拼写错误和排印错误很可能会使企业丧失机会。

7. 创业计划书能否打消投资者对产品、服务的疑虑。如果需要，企业可以准备一件产品模型。

（三）编制创业计划书的注意事项

融资用的创业计划书"七分策划，三分包装"，是技术和艺术的统一体。

1. 尽量精练，突出重点

编制创业计划书的目的是让投资者了解商业计划，其内容必须紧紧围绕这一主题，开门见山，使投资者在最短时间内了解最多的关于创业计划的内容。如：要第一时间让读者知道公司的业务类型，避免在最后一页才提及经营性质；要明确阐明公司的目标及为达到目标所制定的策略与战术；陈述公司需要多少资金，以及时间和用途，并给出一个清晰和符合逻辑的让投资者撤资的策略。一般摘要以 2 页、主体内容以 7 ～ 10 页为佳。注重企业内部经营计划和预算的编制，对于一些具体的财务数据则可留待下一步会见时面谈。

2. 换位思考

编制创业计划书的一个重要方法就是换位思考，绿领创客设身处地，假设自己是一位战略合伙人或风险投资人，自己所最关心的问题是什么，自己判断的标准是什么。就是说，要按照阅读创业计划书的读者的思路去写作创业计划书：弄清哪些是重点，应该具体描述；哪些是不重要的东西，可以简单描述……从而获取投资者青睐。

就此来说，编制创业计划书应忌讳用过于专业的措辞来形容产品或生产营运过程，而应尽可能用通俗易懂的条款，使读者容易理解。

3. 以充分的调查、数据、信息为基础

市场销售是投资获利的基础，对此，绿领创客要充分考察市场的现实情况，广泛收集市场上的现有产品、现有竞争、潜在市场及潜在消费者等具体信息，使市场预测建立在扎实的调查、数据之上，否则后面的生产、财务及投资回报预测就都成了空中楼阁。为此，创业计划书忌用含糊不清或无确实根据的陈述或结算表。

同时，在收集资料时，一定要做到客观公正，避免只搜集对自己有利的信息，而不去搜集或者故意忽略那些对自己不利的信息。一般来说，战略投资者或风险投资家都是一些非常专业的人士，提出的问题会非常尖锐，如果只收集对自己有利的信息，在遇到质疑时就会显得考虑和准备得不充分。

4. 实事求是，适度包装

创业计划书固然重要，但它仍然只是一块敲门砖。过度包装是无益的，企业应该在赢利模式打造、现场管理、市场开拓及技术研发等方面下硬功夫，否则，即使有了机会，也把握不住。

5. 不过分拘泥于格式

创业计划书固然有很多约定俗成的格式，但很多资金供给方在实际运作中正在忽略这种格式，直接关注几个关键点，关注他们想看到的东西。因此，绿领创客在组织编制创业计划书的过程中，不要过分拘泥于固定的格式，"依样画葫芦"，只需把企业的优势、劣势都告诉别人，就可能成为最后的赢家。

二、创业计划书样本

第一次撰写创业计划书的绿领创客可以参考下面的样本。

公司或项目名称

创业计划书

指定联系人：

职务：

电话号码：

传真机号码：

电子邮件：

地址：

国家、城市：

邮政编码：

网址：

保密须知

本计划书属商业机密，所有权属于（公司名称）。其所涉及的内容和资料只限于已签署投资意向的投资者使用。收到本计划书后，收件人应即刻确认，并遵守以下的规定：1.若收件人不希望涉足本计划书所述项目，请按上述地址尽快将本计划书完整退回；2.在没有取得（公司名称）的书面同意前，收件人不得将本计划书的全部和／或部分复制、传递给他人；3.应该像对待贵公司的机密资料一样对待本计划书所提供的所有机密资料。

本计划书不可用作销售报价使用，也不可用作购买时的报价使用。

目　录

第一章　摘　要

一、宗旨及商业模式

本公司的宗旨：

本公司的法定经营形式：

本公司的法定地址：

本公司的商业模式：

二、我们的产品

简要介绍本公司所提供的产品，包括产品名称、数量及生产中的关键因素。

三、市场定位（目标市场）

本公司的市场定位：

四、竞争

简要分析主要竞争对手。

五、管理

简要介绍公司管理层主要成员，包括姓名、性别、具体职位、工作年限、与岗位相关的经历及经验（如市场营销、产品开发、财务管理等）。

六、资金需求

简要介绍资金需求的数量、用途、偿还方式（分期偿还、权益投资分红、二次融资、公开上市、产权转让等）及融资方式（债权、股权等）。

七、销售汇总

财务历史数据：用表格列出近三年及当期的营业收入、毛利润及净利润。

财务预计：用表格列出未来五年的营业收入、毛利润及净利润的预测数据。

资产负债汇总表：列出公司当前的资产负债简表。

第二章　公司简介

一、宗旨（任务）

介绍公司的目标、宗旨。

二、公司简介

简要介绍公司的成立时间、业务范围、法定名称、地址、公司性质、主要办事机构、办公面积及生产能力等客观情况。

三、公司战略

探讨公司所面临的主要机遇、威胁及优劣势，并阐述公司的战略。

四、技术

介绍公司产品专利技术及相关技术的使用情况。

五、价值评估

阐述公司向顾客提供的产品为客户带来的利益（要有具体数值）。

六、公司管理

1. 管理团队介绍

介绍业务负责人和关键雇员。

说明重要股东的名称、持股量、股份单价及占总股份的比例等资料。

2. 外部支持情况

3. 董事会情况

七、组织、协作及对外关系

阐述公司的内部组织结构、管理程序。

公司与其他公司的重要利益关系。

八、知识产权策略

公司拥有的或可能在将来申请的专利、核心技术及其保护的措施（包括有关法律的帮助，针对有关商品制定的合同限制条款等）。

公司可能发生的法律、技术或竞争上的冲突。

九、场地与设施

十、风险

评估公司业务的主要风险（包括管理问题、市场状况、技术状态和财政状况）。

对可能产生的风险的防范对策。

第三章　产品

按最畅销或最有意义的顺序列出本公司提供的产品清单。

介绍产品的开发历史、基本情况，以及发展到今天这种形势的改革过程等事实。可能的话，用图表形式说明。

一、产品品种规划

介绍公司产品品种规划情况。

二、研究与开发

介绍公司的技术、产品研究开发情况。

三、未来产品规划

介绍公司未来的产品规划（如根据市场需求，扩大××产品生产，具体的工作步骤如何；此外还计划开发下一代××产品，具体计划如何）。

四、生产与储运

介绍可能建立组织机构的地点、建设情况，许可证决策部门，设施，以及后勤保障部门的情况。

具体描述产品生产方式，开发／生产／储运服务过程中的主要影响因素。

生产中所需要的各类原材料、技术工艺清单，其来源情况如何。

公司建设／承包过的工程、项目情况（包括客户的情况、主导生产线和成本等情况）。

五、包装

说明公司的商品包装情况，解释其独特性、包装方式、包装原则。

竞争者的具体包装方式，本公司产品有别于竞争者产品的明显特点。

六、实施阶段

公司现在是怎么做的？将来要发展到哪一步？为什么？顺利实现这一过程，当前和未来的计划是什么？

公司利用了哪些外部支持者（如某大集团等）来监控和管理产品的储运、日常养护和保险、制作单证，以令顾客满意，实现销售的持久性。

公司的实施方案是否可以满足未来的需求，原因是什么。

七、服务与支持

说明对顾客的服务与支持：具体说明建立了哪些维修／支持程序，顾客的意见是什么。

反馈与调节政策：公司的售前、售后活动的机构、人员、技术方式等。如公司即将举办一个活动，其目的、内容及作用如何。

第四章　市场分析

一、竞争者

阐述在产品、价格、市场份额、地理位置、推广方式、管理、个性化和融资能力等方面的主要竞争对手的特点、优势及劣势。

二、我们的优势和劣势

阐述公司产品的优势和劣势。

三、目标市场

简述市场的基本情况及市场的主要组成等，针对市场的组成阐述公司的目标市场有哪些，原因何在。

四、顾客的购买准则

界定顾客的类型和其购买标准。

目前购买公司产品最典型的顾客是谁，是什么力量激发人们去购买公司的产品。

五、销售策略

阐述如何进行销售，包括以下几方面策略：销售体系的建立、销售目标及销售管理等。

六、市场渗透和销售量

深入市场的各个层面，阐述公司是怎样接近目标顾客的。对于每一种销售渠道，均应制订五年期的销售计划，具体包括有效销售率（％）、市场份额（％）、潜在的购买者/用户、每个购买者的购买量、总销售量、平均购买价格等。

第五章　销售计划

一、销售策略

1.实时销售方法

介绍用什么样的销售策略销售公司的产品，如何促销（如打电话、邮件、广播、电视等渠道）。在销售预测中，要详细说明销售过程中要保持的安全库存。

2.产品定位

说明相对竞争对手而言，顾客是如何评价公司及产品的。

可以设计一套销售步骤来检验能否实现销售目标。如我们的销售分三步：第一步是市场渗透；第二步是同××公司商谈以OEM方式进行销售的可能性；第三步是注意发展合作伙伴关系等。

二、销售渠道与伙伴

介绍公司的销售渠道（包括直接销售、分销商和零售商），主要的销售商名称、与公司关系、销售额及占比等。说明这些渠道的作用、功能和优点。介绍产品在销售渠道方面所做的宣传，提供促销活动中的参考资料等。

对于销售方法，最好制作一张图表来显示产品是怎样到达最终用户手中的。

公司对于销售的管理政策和相关支持，如价格、技术支持、销售资料、广告宣传与公共关系，以及制造商代表的选择等。

公司对于贴牌生产、国际市场销售、电子化市场开拓及邮购等的计划。

三、销售周期

对市场进行区块划分，并根据每个区块中买主的受教育程度、实施业务的复杂性，或其他在时间上和推广应用上的影响因素，说明销售周期的平均长度。

四、定价策略

阐述公司如何设定价格标准，有什么依据，这种价格的竞争性如何，与竞争对手相比价格的优劣势及原因，以及产品的市场弹性强度等。

要针对公司提供的每一种产品具体分析。

五、市场联络

当公司产品上市，并且表现极佳时，公司应如何加强、促进、支持，使优势持久保持。如增强促销力度，广泛地联系顾客、销售代表等，进行综合性广告宣传和促销。

具体包括贸易展销会、广告宣传、新闻发布、学术讨论会、国际互联网促销、贸易刊物、文章报道、直接邮寄及社会认证等内容。详细阐述每个活动的目的及具体的计划安排等。

第六章　财务计划

一、财务年度报告

二、资金需求

列出公司当前和未来的资金需求。

具体说明融资时间、融资数额、融资方式、资金偿还方式和途径、资金的具体用途等。包括：

1. 资金使用计划——说明如何使用贷款或投资资金；

2. 回报 / 偿还计划——将在多长时间内偿还贷款，或者在多长时间内投资者可将投资收回；

3. 结论。

三、预计收入报表

1. 假设条件。告诉投资者，公司是怎样确立财务假设条件的（指的是商业假设，不是记入财务记录单的数字）。

2. 财务报告。包括：

（1）商业计划中每份财务报告所叙述的汇总分析结果；

（2）销售增长率和各种大宗消费项目；

（3）其他销售问题，包括库存量、应收账款、应付款账及投资回报率等。

3. 收入报告：对各类大型收入项目或各种较大的变动做出说明，如研发活动或市场开拓等。

还要考虑建立两种收入报表：第一种报表按月反映第一年的收入；第二种报表应反映五年中的逐年收入。

四、预计利润表

列出公司未来五年的预计利润表，预测公司达到现金流平衡的时间。

五、预计资产负债表

对资产负债表中任何一个较大的或不正常的项目进行评估，比如现有其他资产、其他应付账款或逐渐递增的负债等。

应考虑建立两种资产负债表：第一种按月反映第一年的负债情况；第二种逐年反映五年中年度负债情况。

六、预计现金流量表

应考虑建立两种现金流量表：第一种是反映第一年状况的逐月报表；第二种是反映五年中资金流动情况的逐年报表。

第七章 风险及应对措施

一、可能的风险

详细说明该项目实施过程中可能遇到的各种风险，包括市场风险、技术风险、经营风险、财务风险及人力资源风险等。

二、风险的应对措施

针对上述风险，一一提出控制和防范的手段。

第八章 附录与图表

附录的内容可包括：公司或项目的背景、机构设置、管理层人员简历、董事会、行业关系、关于竞争对手的文件资料、公司现状、顾客名单、新闻剪报与出版物、市场营销及专门术语等。

图表中可包括市场区域分析表、购买者类型分析表、产品客户使用情况调查表、财务计划表、资产负债表及产值预测图等不便于在正文中放置的内容。

第七章
设立企业与选址

第一节　组织形式及选址

完成创业计划书就意味着绿领创客已经做好了创业之前的基本准备，接下来除了融资，就是进行企业注册及开业前的相关准备。一旦企业注册成功，也就说明绿领创客已经真正步入创业的战场了。不管是否已经开始运营，绿领创客的企业都已成为一个独立承担一切民事和刑事责任的实体。

一、企业组织形式的选择

采用哪种创业组织形式，是每个创业者在企业注册之前首先面临的问题。在实际情况下，绿领创客可以考虑以下几种形式：个体工商户、个人独资企业、合伙企业、有限责任公司、股份有限公司，以及农民专业合作社等。每种创业组织形式各有其利弊：选择合适，便可趋利避害；选择不恰当，就会为将来的运作带来巨大的隐患。这就有必要了解一下各种企业组织形式的基本定义、设立条件与利弊了。

（一）个体工商户

个体工商户是指生产资料归劳动者个人所有，以自己个人的劳动为基础，劳动成果由劳动者个人占有和支配的市场经营主体。

1. 个体工商户的设立条件

个体工商户的设立条件较为简单，包括：

（1）有经营能力的城镇待业人员、农村村民及国家政策允许的其他人员；

（2）申请人必须具备与经营项目相应的资金、经营场地、经营能力及业务技术。

2. 个体工商户的优劣势

（1）个体工商户的优势

1）对注册资金实行申报制，没有最低限额要求；

2）注册手续简单，费用低；

3）税收负担轻。

（2）个体工商户的劣势

1）信誉较低，很难获得银行大额贷款；

2）经营规模小，发展速度慢；

3）管理不规范，有的个体工商户甚至都无须区分经营所得和工资所得。

（二）个人独资企业

个人独资企业是最为简单的企业组织形式，是指依照《个人独资企业法》在中国境内设立的，由一个自然人投资，财产为投资人个人所有，投资人以其个人财产对企业债务承担无限责任的经营实体。个人独资企业是非法人型企业。个人独资企业尤其适合初涉市场、资金实力有限的创业者。

1. 个人独资企业的设立条件

《个人独资企业法》规定，设立个人独资企业应当同时具备下列条件：

（1）投资人为一个自然人；

（2）有合法的企业名称；

（3）有投资人申报的出资；

（4）有固定的生产经营场所和必要的生产经营条件；

（5）有必要的从业人员。

此外，个人独资企业的名称应当与其责任形式及从事的行业相符合。根据《个人独资企业登记管理办法》：个人独资企业的名称不得使用"有限""有限责任"或者"公司"字样。

个人独资企业不得从事法律、行政法规禁止经营的业务；从事法律、行政法规规定须报经有关部门审批的业务，应当在申请设立登记时提交有关部门的批准文件。

2. 个人独资企业的优劣势

（1）个人独资企业的优势

1）产权、利润独享。企业的产权由创业者个人独有，企业利润归创业者独有，创业者不会与其他个人或团体产生产权上的纠纷，也无须担心别人分享利润。

2）决策自主。企业所有事务由创业者说了算，创业者可以按照自己的思路来经营和发展自己的企业，一方面最大限度地发挥个人的智慧与才能，另一方面也避免了其他持股者对企业经营的干扰。

3）注册手续简单，费用低，注册资金随意。个人独资企业的注册手续最简单，国家对注册资金没有规定，按照极端的说法，即使仅投资 1 元钱，创业者也可以当老板。

4）税收负担较轻。只征收企业所得税，免征个人所得税。

（2）个人独资企业的劣势

1）决策风险高，可持续性低。企业主要是由创业者来经营，而个人的智慧与才能终究是有限的，企业的设立、运营和发展过程必然会受到个人智慧、才能的限制。

2）无限责任，风险独立承担。这是最大的劣势。一旦经营亏损，除了企业本身的财产要用于清偿债务，个人财产也不能幸免，这加大了投资风险。

3）对外界资源吸引力较弱，信贷信誉较差，融资困难。由于注册资金少，企业抗风险能力差，加之企业由一个人完全控制，外部投资者往往面临较大的经营风险和道德风险，因而个人独资企业通常很难取得银行信贷，同时也不容易取得面向个人的融资。

4）难以形成优秀的管理团队。任何具有较强创新与创业精神的员工都不会心甘情愿地长期服务于这类企业，一旦有其他更好的就业或创业机会，他们就会即刻离去。管理团队是在变动中存续的，而形成优秀的管理团队需要相对稳定的团队人员不断磨合。

3. 个人独资企业与个体工商户的区别

虽然个人独资企业与个体工商户非常相似，但两者还是有本质差异。

（1）出资人不同。个人独资企业的出资人只能是一个自然人；个体工商户既可以由一个自然人出资设立，也可以由家庭共同出资设立。

（2）雇员人数不同。雇员人数在 8 人及以下的为个体工商户，8 人以上的为个人独资企业。

（3）承担责任的财产范围不同。个人独资企业的出资人在一般情况下仅以其个人财产对企业债务承担无限责任，除非设立登记时明确以家庭共有财产作为个人出资的，才依法以家庭共有财产对企业债务承担无限责任。而个体工商户如属个人经营的，其债务以个人财产承担；属家庭经营的，其债务以家庭财产承担。

（4）适用的法律不同。个人独资企业依照《个人独资企业法》设立，个体工商户依照《民法通则》《城乡个体工商户管理暂行条列》等规定设立。

（5）法律地位不同。个人独资企业是经营实体，是一种企业组织形态；个体工商户则不采用企业形式。区分二者的关键在于，是否进行了独资企业登记，并领取了独资企业营业执照。

4. 个人独资企业的投资人与事务管理

除法律、行政法规禁止从事营利性活动的人（如国家公务员），其他人都可以是个人独资企业的投资人。个人独资企业投资人对本企业的财产依法享有所有权，其有关权利可以依法进行转让或继承。

个人独资企业投资人在申请企业设立登记时，明确以其家庭共有财产作为个人出资的，应当依法以家庭共有财产对企业债务承担无限责任。

个人独资企业投资人可以自行管理企业事务，也可以委托或者聘用其他具有民事行为能力的人负责企业的事务管理。委托或聘用他人管理的，应签订书面合同，明确委托的具体内容和授予的权利范围。

5. 个人独资企业的解散与清算

个人独资企业有下列情形之一时，应当解散：

（1）投资人决定解散；

（2）投资人死亡或者被宣告死亡，无继承人或者继承人决定放弃继承；

（3）被依法吊销营业执照；

（4）法律、行政法规规定的其他情形。

个人独资企业解散后，原投资人对企业存续期间的债务仍应承担偿还责任，但债权人在五年内未向债务人提出偿债请求的，该责任消灭。

个人独资企业解散的，财产应当按照下列顺序清偿：

（1）所欠职工工资和社会保险费用；

（2）所欠税款；

（3）其他债务。

个人独资企业财产不足以清偿债务的，投资人应当以其个人的其他财产予以清偿。

（三）合伙企业

合伙企业，是指按照《合伙企业法》在中国境内设立的，由各合伙人订立合伙协议，共同出资、合伙经营、共享收益、共担风险，并对合伙企业债务承担无限连带责任的营利性组织。合伙企业也是非法人型企业，不具备法人资格。

在现代企业中，合伙企业所占比例很高，中外实践证明，合伙企业是一种灵活、简便、不失规范，同时也可能具备一定规模的企业组织形式。

1.合伙企业的设立条件

设立合伙企业，应当具备下列条件。

（1）合伙人应当为两个或两个以上的具有完全民事行为能力的人。法律、行政法规禁止从事营利性活动的人，如国家公务员，不得成为合伙企业的合伙人。

（2）合伙企业必须有书面合伙协议。合伙协议应当载明的事项可参看《合伙企业法》相关规定。

（3）有各合伙人实际缴付的出资。合伙协议生效后，合伙人应当按照合伙协议约定，履行出资义务。根据《合伙企业法》的规定，合伙人可以用货币、实物、土地使用权、知识产权或者其他财产权利出资。

（4）满足合伙企业的名称、经营场所和从事合伙经营的其他必要条件。

2. 合伙企业的优缺点

（1）合伙企业的优点

1）资本规模扩大。相对于个人独资企业而言，其资本规模得到了显著扩张，资本来源渠道也更加多样化，融资难度降低。

2）个人出资比例小。创业投入及企业相关生产经营费用由合伙人共同解决，不需要单个人再去筹集，因而减弱了个人单枪匹马融资难的问题。

3）容易形成团队优势。不同的创业者为了一个共同的目标组合在一起，他们的智慧、才能及资源等得到了互补，可形成一定的团队优势。

4）风险共担。全体合伙人共同承担创业中的风险，共同克服可能遇到的种种困难，使企业抵御风险的能力大大增强。

5）集中决策。合伙企业的任何重大决策都是由合伙人共同做出的，决策高度集中在全体合伙人手里，这使得决策的准确性、权威性大大提高。

6）注册手续简便，费用低。其注册方式与个人独资企业类似，关键在于合伙人之间的共同协议，合伙企业运行的法律依据就是他们之间的协议。

7）税收较低。和独资企业一样，合伙企业只需要缴纳企业所得税，不用缴纳个人所得税。

（2）合伙企业的缺点

1）无限责任。一旦合伙人中的某一人经营失误，所有合伙人都将被连累。我国法律规定，合伙人之间的分担比例对债权人没有约束力，债权人可以根据自己的清偿权利，请求合伙人中的一个人或几个人承担全部清偿责任。

2）产权关系比较复杂。由于我国相关法律体系还不健全，且产权关系比较复杂，因而合伙人在创业过程中，往往会遇到产权关系难以处理的问题，特别在涉及无形资产时，产权关系会更难处理。

3）内部协调费用增大、易内耗。合伙企业各合伙人平均享有权利，合伙人一旦有了矛盾，企业决策就难以达成一致。如果合伙人品质有问题，则更是后患无穷。

4）决策过程复杂化。合伙企业的决策要符合全体合伙人的个人利益，因而决策过程非常复杂，有时很难协商一致。

5）容易引起利益纠纷。在企业设立、运营和发展的过程中，合伙人之间不可避免地会产生一些利益纠纷，如果协调不好，就可能导致企业存续和运营的危机。

6）合伙人财产转让和退出合伙困难。法律规定向外转让和退出合伙必须经全体合伙人同意，而不是采取少数人服从多数人的原则，除非在拟定合伙协议时有明确规定。

3. 合伙企业的财产

（1）合伙企业存续期间，合伙人的出资和所有以合伙企业名义取得的收益均为合伙企业的财产。合伙企业的财产由全体合伙人依照法律共同管理和使用。

（2）合伙企业存续期间，合伙人向合伙人以外的人转让其在合伙企业中的全部或者部分财产份额时，须经其他合伙人一致同意。

合伙人之间转让时，应当通知其他合伙人。合伙人转让其财产份额时，在同等条件下，其他合伙人有优先受让的权利。

4. 合伙企业事务的执行

（1）合伙企业事务执行的方式。合伙企业事务的执行可以采取由全体合伙人共同执行合伙企业事务，以及由合伙协议约定、全体合伙人决定，委托一名或者数名合伙人执行合伙企业事务两种方式。

（2）合伙人在执行合伙企业事务时的权利。各合伙人对执行合伙企业事务享有同等的权利。执行合伙企业事务的合伙人，对外代表合伙企业。合伙人为了解合伙企业的经营状况和财务状况，有权查阅账簿。

（3）合伙人的义务。由一名或者数名合伙人执行合伙企业事务的，应当依照约定向其他不参加事务执行的合伙人报告事务执行情况，以及合伙企业的经营状况和财务状况。

合伙人不得自营或者同他人合作经营与本合伙企业相竞争的业务，不得同本合伙企业进行交易。

不负责执行事务的合伙人有权监督执行事务的合伙人，检查其执行合伙企业事务的情况。

（4）合伙事务执行的决议办法。合伙人依法或者按照合伙协议对合伙企业有关事项做出决议时，除另有约定，经全体合伙人决定可以实行一人一票的表决办法。

合伙人可以对其他合伙人执行的事务提出异议，如果发生争议，可由全体合伙人共同决定。

（5）合伙企业的损益分配。合伙损益由合伙人依照合伙协议约定的比例分配和分担；未约定的，由各合伙人平均分配和分担。

5. 入伙与退伙

入伙是指在合伙企业存续期间，原合伙人以外的第三人加入合伙企业，取得合伙人的资格。

退伙是指合伙人退出合伙企业，丧失合伙人资格。主要有两种情况：一是自愿退伙；二是法定退伙。

入伙与退伙的具体事项规定请参看《合伙企业法》。

6. 合伙企业的解散与清算

合伙企业解散是指合伙人解除合伙协议，终止合伙企业的行为。

合伙企业解散后，应当进行清算，程序如下。

（1）通知和公告债权人。

（2）确定清算人。合伙企业解散，清算人由全体合伙人担任。

（3）确定财产清偿顺序。合伙企业财产在支付清算费用后，按下列顺序清偿，合伙企业所欠招用职工的工资和劳动保险费用—合伙企业所欠税款—合伙企业的债务—返还合伙人的出资。

按上述顺序清偿后仍有剩余的，由合伙人依照合伙协议约定的比例进行分配；全部财产不足以清偿其债务的，由其合伙人以个人财产，按照合伙协议约定的比例进行清偿。

合伙企业解散后，原合伙人对合伙企业存续期间的债务仍应承担连带责任，但若债权人在五年内未向债务人提出偿债请求的，该责任消灭。

需要注意的是，我国法律意义上的合伙企业仅限于由市场监督管理部门登记的、以自然人为合伙人的企业，不包括法人之间的合伙。另外，目前采用合伙制的律师事务所、会计师事务所及医生诊所等也都不属于合伙企业，它们归各自的主管机关。

（四）有限责任公司和股份有限公司

现代企业制度的核心是公司制，它是所有企业组织形式中最成熟、最规范、最先进的。

1. 公司的特点与分类

按照《公司法》的规定，公司是指由股东出资设立的，股东以其全部认缴的出资额或者所认缴的股份为限对公司承担责任的企业法人。

（1）公司的主要特点

1）公司是企业法人。公司与其他商事组织，如个人独资企业、合伙企业的主要区别在于，公司具有法人属性。公司的法人属性使公司财产与公司成员的个人财产完全分开，从而使公司能够以自己的名义独立地从事民事活动、享受民事权利和承担民事义务。

2）公司以营利为目的。对利益的追求是公司的目的所在，也是公司与机关、事业单位、社会团体法人的主要区别。

3）公司应依法成立。公司的依法成立包括以下三层含义：一是公司成立应依据专门的法律，即《公司法》和其他有关的特别法律、行政法规；二是公司成立应符合《公司法》规定的实质要件；三是公司成立须遵循《公司法》规定的程序，履行规定的申请和审批登记手续。

（2）公司的分类

公司包括有限责任公司和股份有限公司两种类型。

有限责任公司的股东以认缴的出资额为限对公司承担责任；股份有限公司的股东以认购的股份为限对公司承担责任。

2. 有限责任公司的设立条件

根据我国《公司法》规定，设立有限责任公司，应当同时具备下列条件。

（1）股东符合法定人数。一般情况下，有限责任公司由 50 个以下股东出资设立。

（2）股东共同制定公司章程。公司章程是公司最重要的法律文件，是公司内部组织与行为的基本准则。有限责任公司的公司章程必须由股东共同制定，所有股东都应该在公司章程上签名、盖章。我国《公司法》对公司章程必须载明的法定事项进行了明确规定。

（3）2013 年公司注册资本实缴改认缴后，注册资本登记条件得到了放宽。除法律法规另有规定，取消有限责任公司注册资本最低限额 3 万元、一人有限责任公司 10 万元、股份有限公司 500 万元的限制；公司设立时不再限制股东（发起人）首次出资比例和缴足出资期限；公司实收资本不再作为注册登记事项。在公司章程中自主约定注册资本总额和全体股东的首次出资比例，自主约定出资方式。理论上股东（发起人）成立公司可以是"零首付"。比如成立一家公司，注册资金 100 万元：按照原来的法律，股东至少要在第一期向公司账户缴纳 20 万元；改革后，股东可以根据需要缴纳 5 万元或 1 万元，甚至可以暂时不缴纳。实缴改认缴有利于有创业愿望的投资者以最小的风险尽快开始创业。

（4）有公司名称，并建立符合有限责任公司要求的组织机构。有限责任公司名称是公司的标志。公司依法享有名称权，经注册的公司名称受法律保护。有限责任公司应依法设立股东会、董事会或执行董事、监事会或监事等组织机构。

（5）有明确所在地。

3. 有限责任公司的设立程序

根据我国《公司法》规定，设立有限责任公司，应按下列程序进行。

（1）制定公司章程。有限责任公司章程应当载明下列事项：公司名称和所在地，公司经营范围，公司注册资本，股东的姓名或者名称，股东的出资方式、出资额和出资时间，公司的机构及其产生办法、职权及议事规则，公司法定代表人，股东会会议认为需要规定的其他事项。

（2）依法报经政府部门审批。法律、行政法规规定需要经有关部门审批的，应当在设立登记前报请政府主管部门审批。如设立经营保险业的金融机构，就必须报请中国人民银行批准；设立经营桑拿、KTV 等特种行业的公司也需要政府有关部门的审批。

（3）股东缴纳出资。股东可以用货币出资，也可以用实物、知识产权及土地使用权等可以用货币估价并可以依法转让的非货币财产作价出资。全体股东的货币出资金额不得低于有限责任公司注册资本的 30%。股东以货币财产出资的，应当将货币足额存入有限责任公司在银行开设的账户；以非货币财产出资的，应当依法办理其财产权的转移手续。

（4）验资机构验资并出具证明。

（5）设立公司组织机构。

（6）进行注册登记。

（7）签发出资证明书。

4. 有限责任公司的组织机构

公司组织机构是公司法人治理结构的核心部分。依照我国《公司法》规定，有限责任公司应设立股东会、董事会或执行董事、监事会或监事等组织机构。各类组织机构的性质、职权及规则等具体内容请参看《公司法》。

5. 一人有限责任公司的特别规定

一人有限责任公司，是指只有一个自然人股东或者一个法人股东的有限责任公司。

一个自然人只能投资设立一个一人有限责任公司；该公司不能投资设立新的一人有限责任公司；一人有限责任公司应当在公司登记中注明自然人独资或者法人独资，并在公司营业执照中载明；公司章程由股东制定；公司不设股东会，股东做出公司的经营方针和投资决策时，应当采用书面形式，并由股东签名后置备于公司；公司应当在每一会计年度终了时编制财务会计报告，并经会计师事务所审计；公司的股东不能证明公司财产独立于股东自己的财产的，应当对公司债务承担连带责任。

6. 有限责任公司的优劣势

（1）有限责任公司的优势

1）有限责任。由于拥有法人资格，股东个人承担的责任仅仅以所出的股本为限，其他个人资产不受牵连，这降低了个人投资风险。

2）运行稳定。注册有限责任公司时，要求拥有完善的管理和财务制度，同时股东入股后不得抽回资金，这就在法律上保证了充裕的资金和健全的运行机制，不会因为个别股东的变故而使企业产生动荡。

（2）有限责任公司的劣势

1）注册手续较复杂，费用高。注册有限责任公司必须经过严格审查，费用比较高，主要是获取相关注册文件费用和验资费用。

2）税负较高。一方面要缴纳企业所得税，另一方面还要缴纳个人所得税。

3）不能撤回资金，转让困难。股东一旦出资就不能撤回资金，也不能随便转让股本。

4）信贷信誉不高，发展空间有限。

根据统计，我国约有 2/3 的企业采用公司的形式。如果考虑到综合成本与收益，一般营业收入在 3 万元以下的，可以选择个体工商户或个人独资企业形式；营业收入在 3 万～10 万元的，可以采用合伙企业形式；营业收入在 10 万～50 万元的，可以选择合伙企业或有限责任公司的形式。

7. 股份有限公司的设立条件

设立股份有限公司要有公司名称，要建立符合股份有限公司要求的组织机构，要有固定的生产经营场所及必要的生产经营条件，股份发行、筹办事项要符合法律规定。除以上条件，根据《公司法》，设立股份有限公司还应当具备下列条件。

（1）发起人符合法定人数。设立股份有限公司，应当有 2 人以上 200 人以下的发起人，其中须有半数以上的发起人在中国境内有住所。

（2）发起人认缴和募集的股本符合公司章程规定。股份有限公司的注册资本为在市场监督管理部门登记的全体发起人认购的股本总额。自 2014 年 3 月 1 日起，不再限制公司全体股东（发起人）的货币出资金额占注册资本的比例，除法律、行政法规及国务院对特定行业注册资本最低限额另有规定的，取消股份有限公司最低注册资本 500 万元的限制。

（3）股份发行、筹办事项符合法律规定。

（4）发起人制定公司章程，采用募集方式设立的经创立大会通过。

（5）有公司名称，建立符合股份有限公司要求的组织机构。

（6）有公司住所。

（五）农民专业合作社

农民专业合作社是以农村家庭承包经营为基础，通过提供农产品的销售、加工、运输、贮藏及与农业生产经营有关的技术、信息等服务来达到成员互助目的的组织，从成立开始就具有经济互助性。农民专业合作社拥有一定组织架构，成员享有一定权利，同时负有一定责任。

1. 成立条件

（1）有 5 名以上符合规定的成员。具有民事行为能力的公民，以及从事与农民专业合作社业务直接有关的生产经营活动的企业、事业单位或者社会团体，能够利用农民专业合作社提供的服务，承认并遵守农民专业合作社章程，履行章程规定的入社手续的，可以成为农民专业合作社的成员。但是，具有公共事务管理职能的单位不得加入农民专业合作社。应当置备成员名册，并报登记机关。在农民专业合作社中，农民至少应当占成员总数的 80%。成员总数在 20 人以下的，可以有 1 名企业、事业单位或者社会团体成员；成员总数超过 20 人的，企业、事业单位和社会团体成员不得超过成员总数的 5%。

（2）有符合相关规定的章程。

（3）有符合相关规定的组织机构。

（4）有符合法律、行政法规规定的名称和经由章程确定的住所。

（5）有符合章程规定的成员出资。

2. 设立程序

（1）发起筹备。

（2）制定农民专业合作社章程。

（3）推荐理事会、监事会候选人名单。

（4）召开全体设立人大会。

（5）组建工作机制。

（6）登记、注册。

（7）遵循原则。

3. 遵循原则

（1）成员以农民为主体。

（2）以服务成员为宗旨，谋求全体成员的共同利益。

（3）入社自愿，退社自由。

（4）成员地位平等，实行民主管理。

（5）可分配盈余主要按照成员与农民专业合作社的交易量（额）比例返还。

国家通过财政支持、税收优惠和金融、科技、人才的扶持，以及产业政策引导等措施，促进农民专业合作社的发展。县级以上各级人民政府应当组织农业行政主管部门和其他有关部门、有关组织，依据各自职责，对农民专业合作社的建设和发展给予指导、扶持和服务等。

二、选址技巧

确定了创业项目及组织形式之后，对绿领创客来说，接下来最重要的就是选址的问题。选址对于新创企业到底有多重要？权威看法是：不论创立任何企业，地点的选择都是决定成败的一大要素，尤其对服务业来说，选址更是成败的关键。可以说，好的选址等于成功了一半。一个错误的地理位置，足以使一个优秀的企业失败。

（一）选址的重要性

如以距离为例，绿领创客所在位置和客户之间的距离，决定了客户到创业项目的交通成本，亦决定了营销成本。如果周边有人流量大的场所，有几万人甚至几十万人环绕，就会大大降低获客成本。反之，辛辛苦苦投资上千万元甚至更多，结果却由于选址出问题而失败的例子屡见不鲜。很多绿领创客一掷万金流转土地，引进各种设备，项目建设轰轰烈烈，结果创业之后，不见人气，很可能就是在选址上出了问题。

选址的重要性可以从以下四个方面来理解。

1. 地址是制定经营战略及目标的重要依据。经营战略及目标的确定，首先要考虑所在区域的社会环境、地理环境、人口、交通状况及市政规划等因素。依据这些因素明确目标市场，按目标顾客的构成及需求特点，确定经营战略及目标，制定包括广告宣传、服务措施在内的各项促销策略。事实表明，经营方向、产品构成和服务水平基本相同的企业，会因为选址的不同，而使经济效益出现明显的差异。不理会周围的市场环境及竞争状况，任意或仅凭主观经验来选择企业地址，绿领创客很难经受住考验并获得成功。

2. 地址选择是对市场定位的选择。地址在某种程度上决定了客流量的多少、顾客购买力的强弱、顾客的消费结构、企业对潜在顾客的吸引程度，以及竞争力的强弱等。选址适当，绿领创客便占有了"地利"的优势，就能获得流量，生意自然就会兴旺。

3. 地址选择是一项长期性投资。不论是租赁，还是购买，一旦被确定下来，就需要大量的资金投入。当外部环境发生变化时，创业企业的地址不能像人、财、物等其他经营要素一样可以做相应的调整，它具有长期性、固定性特点。因此，绿领创客对此要做深入的调查和周密的考虑，妥善规划。

4.地址选择反映了服务理念。好的地址一定是以便利顾客为首要原则，从节省顾客的购买时间和运输成本出发，最大限度地满足顾客的需要，否则企业就会失去顾客的信赖和支持，也就失去了存在的基础。

选址，关键在"选"。选址，其实是一个比较的过程，有比较才能有鉴别。不同地区不同的自然山水环境、农业产品、人文体验、文化风俗等，对消费者都会有不同程度的吸引力。因此，绿领创客需考虑选址的主要影响因素。

（二）创业企业选址的主要影响因素

经营地点的选择是绿领创客在创业初期面临的一大难题，仅从经济学的角度来看，选址确实需要很专业的眼光。而影响创业者选择的因素相当多。其中，尤为值得注意的因素主要有市场因素、商圈因素、物业因素、区位因素、个人因素、价格因素及交通因素。

1. 市场因素

对于市场因素，可以从顾客和竞争对手两个角度来考虑。

从顾客角度看，要考虑经营地点是否方便顾客，周围的顾客是否有足够的购买力。对于零售业和服务业，店铺的客流量和客人的购买力决定着企业的业务量。

从竞争对手角度看，对经营地点的选择有两种不同的思路：一是选择同行聚集林立的地方，同行成群有利于人气聚合与上升，比如当下的服饰一条街、建材市场、家电市场及小商品市场等；另一种思路则是"别人淘金我卖水"，别人都蜂拥到某地去淘金，成功者固然腰缠万贯，可失败者也难维持生存，如果到他们中间去卖水，肯定稳赚不赔。

例如，休闲农业最火的地方基本在一、二线城市周边，城市越大，休闲农业的市场越大。因此，绿领创客如果做休闲农庄或田园综合体，就应瞄准城市白领等中高端消费者，把项目放在大城市的周边。

2. 商圈因素

商圈因素，就是指对特定商圈进行特定分析。如车站附近是往来旅客集中的地区，适合发展餐饮、食品、生活用品；商业区是居民购物、聊天、休闲的理想场所，除了适宜开设大型综合商场，特色鲜明的专卖店也很有市场；影剧院、公园名胜附近，适合经营餐饮、生活用品等；在居民区，凡能给家庭生活提供独特服务的生意，都能获得较好的发展；在市郊地段，不妨考虑向驾车者提供生活、休息、娱乐和车辆维修等服务。

3. 物业因素

物业因素同样也不能忽略，在置地建房或租用店铺前，绿领创客应首先了解地段或房屋规划的用途与自己的经营项目是否相符，该物业是否有合法权证。其次，还应考虑该物业的历史、空置待租的原因、坐落地段的声誉与形象等，比如是不是环境污染区、有没有治安问题等，这都是创业者选择时需要考虑关注的。

要注意的是，国家明确鼓励农民利用闲置的宅基地和住宅，通过自主经营、合作经营、委托经营等方式，从事经营活动。同时，用于经营的房屋，在征收拆迁时，补偿也会高于普通的住宅。按照有关法律，我国宅基地不允许买卖，宅基地使用权在一定条件下是可以转让的。城市市区的土地属国家所有；农村和城市郊区的土地，除法律规定属于国家所有的，归农民集体所有；宅基地和自留地、自留山，属于农民集体所有。

所以在《中央农村工作领导小组办公室　农业农村部关于进一步加强农村宅基地管理的通知》中，国家鼓励村和农民盘活利用闲置宅基地和闲置住宅，通过自主经营、合作经营、委托经营等方式，依法依规发展农家乐、民宿、乡村旅游等。因此，绿领创客在选址时也不妨考虑农村的宅基地。

4. 区位因素

区位因素指的是经营业务最好能得到当地政府的支持，至少不能与当地的政策背道而驰。对于绿领创客来说，尤其要做好实地考察，详细了解当地政府的施政情况。虽然大的政策从上到下是一致的，但各地之间政策执行的差异性还是相当大的，如果搞不清楚，很可能会使自己处于尴尬的境地。

通常来讲，有产业支撑的地方，绿领创客创业就会有一定优势。产业不单包括一产，也包括二、三产。如果选址地有相关的产业政策支撑，如农业、旅游业、林业优惠政策，或者当地有科技园区、特色乡村文化产业园及"一村一品""一乡一品"产品产业等，绿领创客也可以优先考虑。

5. 个人因素

个人因素，有时会被一些绿领创客过多地关注，一些人常常选择自己的家乡，或者曾经居住、生活过的地方。然而，这种做法，可能会令绿领创客丧失更好的机会，或使经营受到局限，购买力无法突破，因此不妨全面综合考虑自身因素。

6. 价格因素

绿领创客在选址时，也要充分考虑价格因素，包括资金、业务性质、创业成功或失败后的安排、市场的供求情况及利率趋势等，以免做出错误决策，对企业的业务经营造成不良影响。

7. 交通因素

交通因素是指交通是否方便、停车是否便捷、货物运输是否快捷、乘车来去是否便利，这对制造型、服务型、零售型等各类型创业企业都十分重要。

（三）特色小镇

在绿领创客创业经营的过程中，不妨将特色小镇作为一个主要的选址方向。

2014 年，特色小镇从浙江兴起，经历了概念不清、质量不高、一哄而起的发展阶段。2018 年，国家发改委出台文件，推动建立了特色小镇高质量发展机制，也标志着特色小镇进入科学、合理、规范、有序的发展阶段。2020 年，《国务院办公厅转发国家发展改革委关于促进特色小镇规范健康发展意见的通知》发布，从经济高质量发展新平台、新型城镇化建设新空间、城乡融合发展新支点、实施扩大内需战略和乡村振兴新支撑、传承保护传统文化新载体等五个方面明确了特色小镇发展定位，赋予特色小镇新的时代使命，特色小镇迎来了新的发展机遇。

新时代的特色小镇，内涵是新业态，方向是新产业，构成是新农民，以乡村复兴再造为目标，注重价值提升、新兴业态培育、新型农民培养。特色小镇具备特色产业集聚、创新创业平台搭建、空间集约利用、多元功能融合等先天特征。

我们不妨来看一个案例。安徽殷港艺创小镇地处安徽芜湖，是该省第一批省级特色小镇（见图7-1、图7-2）。小镇交通条件优越，生态环境良好，文化积淀深厚。小镇运用艺术、设计手段，将旧空间改造提升为创新创业新平台，发展特色产业。小镇依托其艺术人才积累优势和乡村文化创意产业集聚特色，在安徽、上海、浙江等华东地区的乡村人居环境整治、美丽村庄规划建设、乡村文创扶贫、乡村文旅项目规划、农产品包装设计、乡村空间美化等落地案例中，成功运用了美术元素、艺术元素，增强了乡村的审美韵味，提升了农民的文化品位，探索了让艺创更好地满足当地群众的高品质生活需求的实践路径，初步形成了以艺创赋能乡村振兴的一站式集成化服务体系。

"新时代、新青年、新殷港"是殷港艺创小镇的发展口号，也是小镇服务青年创新创业，以创业带动就业，以创新促进发展，着力解决返乡入乡青年群体创业就业问题的生动实践。截至2023年6月，该特色小镇累计招商引进小微型企业100多家，培育孵化创业企业40多家，促进就业创业2000余人，带动周边就业5000余人，小镇人口也从最初的不足3000人，发展到近15000人，形成了从乡村振兴、人才培养到产业项目策划与投资、整村运营机制创新与实践、乡土资源挖掘与落地等一站式集成化服务产业链。

图 7-1　小镇面貌

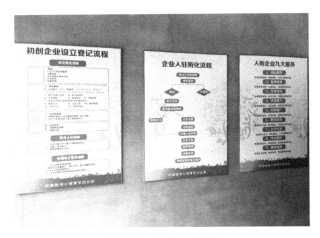

图 7-2　入驻小镇流程

（四）选址的基本步骤

绿领创客在选址时，可以参考以下基本步骤：

1. 根据经营定位列出"必须的"和"希望的"选址条件；

2. 对照选址条件确定备选地点；

3. 造访备选地点，挑选两三处较好的位置；

4. 按照"必须的"和"希望的"选址条件，对备选的几个地点进行比较；

5. 在各个时段去各个备选地点实地观察；

6. 咨询有经验的人士，获得帮助；

7. 综合分析各种信息和意见；

8. 做出选址决策。

第二节　创业企业设立的一般流程

为方便绿领创客开创事业，各级政府及其管理部门纷纷提供包括财税、融资、劳动用工及社会保障等方面政策咨询和信息服务在内的全方位服务。在实际创业过程中，亦有很多中介公司可提供代办服务。虽然如此，绿领创客自身也应该了解和熟悉创业企业设立的一般流程，这对于提高创建的效率非常重要。

一、设立流程

一般而言，创业企业设立流程如下：第一步，企业选择，即选择合适的企业组织形式；第二步，名称设计，即设计新创企业和企业产品的称呼；第三步，登记注册，具体包括企业登记注册、税务登记和其他登记备案事项。

二、企业名称设计

事实上，绿领创客在创业之初，一定有想过项目的名称。但要明白的是，一个在做创业计划时使用的名字，并不是固定不变、不能修改的。项目的起名过程本身就是一个不断验证、试错并修正的过程。名称应尽量朗朗上口，容易让消费者口口相传，还要符合相关法律法规。

（一）企业名称要素

企业名称，是用文字形式表示一个企业区别于其他企业或组织的特定标志，也被俗称为"厂牌"。

企业名称一般由以下四部分依次组成：企业所在地行政区划名称、字号、行业特点、组织形式。

1.行政区划

企业名称中的行政区划是本企业所在地县级以上行政区划的名称或地名。具备下列条件的企业法人，可以将名称中的行政区划放在字号之后、组织形式之前：

（1）使用控股企业名称中的字号；

（2）该控股企业的名称不含行政区划；

（3）使用外国（地区）出资企业字号的外商独资企业，可以在名称中间使用"中国"字样。

2.字号

企业名称中的字号应当由两个及以上汉字组成，行政区划不得用作字号，但县以上行政区划地名具有其他含义的除外。企业名称可以以自然人投资人的姓名作为字号。

3.行业特点

企业名称中的行业特点表述的应当是反映企业经济活动所属国民经济行业，或者反映企业经营特点的用语。企业名称中行业特点表述的内容应当与企业经营范围一致。企业经济活动分别属于国民经济行业不同大类的，应当选择主要经济活动所属国民经济行业类别表述企业名称中的行业。

企业名称中不使用国民经济行业类别用语表述企业所从事行业的，应当符合以下条件：

（1）企业经济活动性质分别属于国民经济行业五个以上大类；

（2）公司注册资本（或注册资金）1亿元以上或者是企业集团的母公司；

（3）与相关机关核准或者登记注册的同一企业的名称中的字号不相同。

企业为反映其经营特点，可以在名称中的字号之后使用国家（地区）名称或者县级以上行政区划的地名。上述地名不应被视为企业名称中的行政区划，如北京××四川火锅有限公司、北京××韩国烧烤有限公司，其中的"四川火锅""韩国烧烤"均为企业的经营特点。

企业名称不应当或者暗示有超越其经营范围的业务，不得含有另一个企业的名称，不得含有外国文字、汉语拼音字母、阿拉伯数字。

4. 组织形式

依据我国《公司法》《中外合资经营企业法》《中外合作经营企业法》及《外资企业法》申请登记的企业名称，其组织形式为有限公司（有限责任公司或者股份有限公司）；依据其他法律、法规申请登记的企业名称，组织形式不得申请为有限公司（有限责任公司）或股份有限公司，非公司制企业可以申请用"厂""店""部""中心"等作为企业名称的组织形式，如"杭州××食品厂""南京××商店""安徽××技术开发中心"。

企业只准使用一个名称，在某一个市场监督管理部门辖区内，冠以同一行政区划名称的企业不得与登记注册的同行业企业名称相同或近似。

企业名称的确立在不同国家和不同年代有不同的色彩，它与一个国家的政治制度、经济制度及思想文化的发展有很大关系。

在生产资料私有制的条件下，企业名称的确立一般是以企业创始人的名字或吉祥、响亮、含蓄及趣味等方面的因素来确定。

计划经济时期，企业名称的构成绝大多数为"三段式"（地名＋经营业务名称＋企业组织形式，如上海汽水厂）或"四段式"（在"三段式"上再加上财产责任形式，如国营南京无线电厂）。

市场经济的发展，使得企业名称及其构成发生了重大变化，在企业名称中出现了字号，如杭州娃哈哈集团，其中"娃哈哈"就是企业字号。并且，作为区别不同企业的企业名称，其基本构成变为"两段式"：或是"地名＋字号"，如"西安杨森"；或是"字号＋经营业务名称"，如"格力空调"；或是"字号＋企业组织形式"，如"海尔集团"。无论是哪种"两段式"，字号都是必不可少的。

字号虽然只是几个汉字的组合，但表现的绝不仅是几个汉字所固有的含义。作为企业标识，它储存着企业资信及其产品的市场竞争力等信息，这就使其成为商誉的载体，并因此具有财产价值。如"王老吉"的商标价值高达 1080 亿元，相当于其年营业额的数倍。又如家喻户晓的"阿里巴巴"，是中国最具知名度和影响力的品牌之一，其品牌价值高达数百亿美元。其旗下的"蚂蚁""飞猪"等品牌的价值，也不可小觑。

（二）命名要求

企业及企业产品的名称对消费者的选择是有直接影响的，所以每一位企业家，无一例外都会精心设计企业的名称，并深深认识到它在竞争中所起的作用。索尼公司创始人盛田昭夫曾经说过："取一个响亮的名字，能够引起顾客美好的联想，提高产品的知名度与竞争力。"

具有高度概括力和强烈吸引力的企业名称，对大众的视觉刺激和心理等各方面都会产生影响。一个设计独特，易读易记，富有艺术感和形象性的企业名称，能迅速抓住大众的视线，诱发其浓厚的兴趣和丰富的想象，给其留下深刻的印象。因此，新创业企业在设计企业名称时，应该要注意以下几个方面：

1. 注重人和，起名时致力于挖掘企业名称的文化底蕴；
2. 注重历史，起名时致力于拓展企业名称的历史潜能；
3. 注重天时，起名时致力于开发企业名称的时代内涵；
4. 应强化标志性和识别功能，避免雷同；
5. 应加强企业命名与品牌、商标的统一性；
6. 应避免无特征的企业名称，要凸显名称的"个性"。

（三）注意事项

给企业或公司命名的几点注意事项。

1. 字音念起来会不会很顺口、容易记忆？（一家叫"飞龙"，另一家叫"鼎毓"，比较容易记得哪个？）

2. 有没有类似的公司名称？会不会混淆？（同一条街上有"富林""永林""青林"等多家名称相近的公司，岂不混乱？）

3. 字义的意境优美，符合公司形象。（"郁美净公司"的意境是否很适合其产品形象呢？）

4. 是否容易以英文字表达？（如"天猫公司"可被翻译成"Tmall"。）

5. 企业名称和其所在行业会不会让人感觉矛盾？（如公司名"圣文"，卖的产品却是健身器材，就会给人带来矛盾的感觉。）

6. 能否在一秒钟之内，让人知道在卖什么商品？（如看到公司名称为"慈航公司""普度公司"，很容易联想到其产品是佛教用品。）

（四）特别提醒

企业名称不得含有下列内容和文字：

1. 损害国家利益、社会公共利益的；含有迷信、淫秽、暴力或者不符合民族、宗教习俗等内容的；

2. 可能对公众造成欺骗或者误解的；

3. 外国国家（地区）名称、国际组织名称；

4. 政党名称、党政军机关名称、群团组织名称、社会组织名称及部队番号；

5. 外文、字母和阿拉伯数字；

6. 违背公序良俗的；

7. 其他法律、行政法规规定禁止的内容和文字。

三、登记注册

随着我国《公司法》的多次修订，企业登记注册的流程越来越简化，绿领创客登记注册时所需要办理的手续，都可以在国家政务服务平台，各省、自治区、直辖市的企业登记全程电子化服务平台，以及手机 APP 上进行操作，实现足不出户即可登记注册。当然，如果对电子操作不熟悉，则可以去各地的政务服务大厅，现场进行办理。总之，我国目前无论在线上还是线下，均提供企业开办业务（包含企业登记、公章刻制、发票申领、银行开户、社会保险参保登记和员工参保登记、住房公积金企业缴存登记）。

我们以浙江省企业登记全程电子化服务平台——浙江企业在线为例。一般企业注册流程如图 7-3 所示。

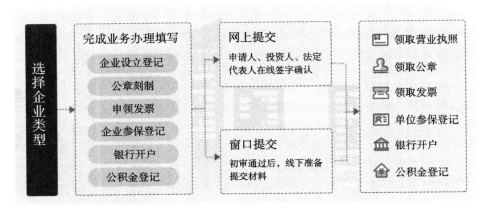

图 7-3 企业注册流程

1. 确定市场主体类型

市场主体类型主要包括公司企业、非公司企业法人、农民专业合作社、个人独资企业、合伙企业、个体户、分支机构、市场个体户等。绿领创客要根据自己的实际情况，选择合适的市场主体类型。

2. 确定企业名称

在申请企业注册前，需要先办理企业名称登记。因此，绿领创客需要提前多准备几个名字备选，在登录企业登记全程电子化服务平台后，可以在线对企业名称进行核定，确保企业名称不重复、不违反相关规定，通过后就可以进行下一步的设立登记了。要注意，完成名称查重后，需尽快进入下一步，填写基本信息。基本信息填写完成后，该名称将自动保留两个月有效期，因此绿领创客应尽快完成企业设立申报。

3. 填写基本信息

按照操作流程，依次将公司的基本信息填上，包括公司的地址、经营期限、认缴注册资本等，以及股东信息、成员信息和附加信息。公司章程和股东会决议可以自动生成，也可以手动上传。接下来是添加经营范围。如果是需要行业审批的特殊行业，还需要提前审批并拿到许可文件，这些文件均需要在设立登记时上传。

有一点需要注意，在认缴注册资本时，出资多少、出资方式是什么、出资期限多长，这些由企业创始人自己约定，但是这些内容必须清楚、明白地写在公司章程里。同时，需要特别注意以下几点。

（1）有限责任公司的注册资本为公司在登记机关登记的全体股东认缴的出资额。股份有限公司采取发起设立方式设立的，注册资本为公司在登记机关登记的全体发起人认购的股本总额。股份有限公司采取募集方式设立的，注册资本为公司在登记机关登记的实收股本总额。

（2）法律、行政法规及国务院对有限责任公司、股份有限公司注册资本实缴、注册资本最低限额另有规定的，从其规定。

（3）股东可以用货币出资，也可以用实物、知识产权、土地使用权等可以用货币估价并可以依法转让的非货币财产作价出资；但是，法律、行政法规规定不得作为出资的财产除外。对作为出资的非货币财产应当评估作价，核实财产，不得高估或者低估作价。法律、行政法规对评估作价有规定的，从其规定。股东或发起人不得以劳务、信用、自然人姓名、商誉、特许经营权或者设定担保的财产等作价出资。

（4）股东应当按期足额缴纳公司章程中规定的各自所认缴的出资额。股东以货币出资的，应当将货币出资足额存入有限责任公司在银行开设的账户；以非货币财产出资的，应当依法办理其财产权的转移手续。股东不按照前款规定缴纳出资的，除应当向公司足额缴纳，还应当向已按期足额缴纳出资的股东承担违约责任。

（5）股东或者发起人必须以自己的名义出资。

绿领创客更需要注意，认缴注册资本并不意味着可以任性地认而不缴。因为国家市场监督管理信息公示系统会如实地写上认缴多少、实缴多少、出资方式如何、出资期限多久等信息，任何人都可以查到。而且，注册资本越大，股东的责任也就越大。虽然有限责任公司是以出资额来承担有限责任的，但并不等于说实缴额就是出资人的责任底线。《公司法》规定，出资人是以认缴的而不是实缴的出资或股份对公司承担责任。这就意味着，经营过程中一旦出现债务纠纷，债权人可以告公司和股东，按照注册资本的金额偿还债务。有限责任公司的股东以其认缴的出资额为限对公司承担责任；股份有限公司的股东以其认购的股份为限对公司承担责任。

4. 企业分段办理

在市场监督管理部门完成企业设立登记后，绿领创客还需预约银行开户，申领发票，刻制企业公章、法人名章、财务章、合同章及所需的企业各部门的行政章等，并申请企业职工社会保险登记，以及住房公积金缴存登记等，具体见图7-4。

图 7-4 企业分段办理

第八章
营销策略巧制定

　　市场营销是现代经济发展的产物，是社会经济生活中的重要活动。而创业企业的营销既是一门科学，也是一门艺术。在创业初期，销售是此时最重要的任务。绿领创客需要明白，这个阶段的销售，有时并不是为了赚钱，而是为了吸引消费者，创业者有时甚至还得做赔本的买卖。所以创业初期营业收入可能增长很快，可成本增加更快，所以很有可能虽然销量很大，但创业者却没有利润，甚至会赔钱。

　　随着企业的逐步成熟，绿领创客要对已有的销售行为进行规范，对客户进行筛选和细化管理，对产品售前、售中、售后的整个过程进行监控，整合所有销售的相关资源，逐步使营业收入与利润实现同步增长。在打造特色产品品牌时，光有产品还不行，还需要有包装。如何创建具有特色的品牌，打造口碑，都是亟须做的工作。因此，绿领创客必须懂营销。

第一节　目标市场选择

　　当今时代，产品越来越同质化，只有做好营销策划，找到企业的灵魂，企业才能蒸蒸日上，生机勃勃，展现出无限的动力。所以绿领创客开始运营企业后，首先要做好营销策划，这是关乎一个企业能否健康快速发展的重要因素。而营销策划的首要任务，就是目标市场的选择。

一、在市场细分过程中发现市场机会

（一）市场细分是营销成败的关键

　　市场细分是现代市场营销观念的产物。它是指按照消费需求的差异性，把某一产品的整体市场划分为不同的子市场的过程。

　　创业企业开展市场细分的原因有以下几点。

　　1.市场行为的差异性及由此决定的购买者动机和行为的差异性。市场需求的差异性取决于社会生产力的发展水平、市场商品供应的丰富程度，以及消费者的收入水平。除了对某些同质化商品，消费者有相同的需求外，消费者的需求总是各不相同的，这是由性别、年龄、地理位置、文化背景及职业等方面的差异所决定的。

2. 市场需求的相似性。从整体上看，人们的消费需求千差万别，然而在差别之中总包含着某种共性。这种交叉中的相似性和差异性就使市场具有可聚可分的特点，为企业按一定标准细分市场并从中选择自己的目标市场提供了客观可能性。

3. 买方市场的形成。由于现代市场经济的高度发展，买方市场的全面形成和卖方之间市场竞争的日益激烈，有厚利可图的市场越来越少，企业只有依靠市场细分来发掘未满足的市场需要，寻求有吸引力的、符合自己目标和资源的营销机会，才能在市场竞争中取胜。

（二）开展市场细分的作用

1. 有利于企业发现新的市场机会，选择新的目标市场。通过市场细分，企业可了解市场各部分的潜在需求、顾客满足程度和竞争状况等，从而及时发现新的市场机会和问题，及时采取对策，夺取竞争优势。

2. 有利于巩固现有的市场阵地。通过市场细分充分把握各类顾客的不同需要，并投其所好地开展营销活动，稳定企业的现有市场，这对处于发展余地不大的成熟行业并且不愿或不能转向新市场的企业来说，意义尤其重大。

3. 有利于企业的产品适销对路。企业选择一个或几个细分市场作为目标市场，就可更加深入地研究这些市场需求的具体特点，集中人力、物力和财力，生产出满足目标市场需要的产品，从而取得更大的经济效益。

4. 有利于企业制定适当的营销战略和策略，把有限的资源集中于目标市场上，以取得最好的经济效益。

二、如何开展市场细分

市场上的消费者需求千差万别，影响因素也错综复杂。对市场的细分没有一个固定的模式，各行业、各企业都可根据自己的特点和需求，采用适宜的标准进行细分，以求得最佳的市场机会。绿领创客需懂得常用的几个具有代表性的市场细分的标准，主要包括地理环境、经济文化、商品用途及购买行为等，每一个细分标准中又包含不同的具体细分变数。

（一）地理环境

消费者所处的地理环境，包括地理区域、地形、气候、人口密度、生产力布局、交通运输和通信条件等。按照地理环境细分市场称为地理细分。不同的地理条件，会形成不同的消费习惯和偏好；同时，市场潜力和营销费用也会因地理位置的不同而有所不同。

（二）经济文化

经济文化方面的因素包括消费者的年龄、性别、家庭规模、收入、职业、受教育程度、宗教信仰、民族、家庭生命周期及社会阶层等。

其中，按年龄细分是各种市场细分中最常见的方法，其适用范围比较广泛。

（三）商品用途

1. 分析商品被用在消费者吃、喝、穿、用、住、行的哪一方面。

2. 分析不同的商品分别是为了满足消费者的哪一类（生理、安全、社会、自尊及自我实现）需要，从而决定采用不同的营销策略。

（四）购买行为

对消费者购买行为方面的特性进行分析，如从购买动机、购买频率、偏爱程度及敏感因素（质量、价格、服务、广告、促销方式及包装）等方面判定不同的消费者群体。

三、目标市场选择

（一）目标市场

目标市场是指在需求异质性市场上，企业根据自身能力所确定的希望满足的现有和潜在的消费者群体的需求。

（二）目标市场营销

目标市场营销是指企业通过细分市场选择了自己的目标市场，专门研究其需求特点并针对其特点提供适当的产品，制定一系列的营销措施和策略，实施有效的市场营销行为。

1. 实现目标市场营销的三个重要步骤

（1）市场细分。这是在市场调研和预测的基础上，将整个消费者群体区分为几个不同的购买者群体，对不同的群体销售不同的产品。

（2）选择目标市场。这是选择对本企业有吸引力的一个或几个细分的小市场（子市场）作为自己的目标市场，实行目标营销。

（3）市场定位。市场定位是指，为本企业的产品确定一个在市场上竞争的有利地位，即在目标顾客心目中树立适当的产品形象。

2. 三种目标市场营销战略及优缺点

三种目标市场营销战略分别是无选择（差异）性市场营销、选择（差异）性市场营销和集中性市场营销。

（1）无选择（差异）性市场营销。企业面对整个市场，只提供一种产品，采用一套市场营销方案吸引所有的顾客，它只注意需求的共性。

优点：生产经营品种少、批量大，节省成本，提高利润率。

缺点：忽视了需求的差异性，有一部分市场需求得不到满足。

（2）选择（差异）性市场营销。企业针对每个细分市场的需求特点，分别为之设计不同的产品，采取不同的市场营销方案，满足各个细分市场不同的需要。

优点：适应了各种不同的需求，能扩大销售，提高市场占有率。

缺点：采取这种营销战略，会增加设计、制造、管理、仓储和促销等方面的成本，造成市场营销成本的上升。

（3）集中性市场营销。企业选择一个或少数几个子市场作为目标市场，制订一套营销方案，集中力量为之服务，争取在这些目标市场上占有大量份额。

优点：由于目标集中，企业能更深入地了解市场需要，使产品更加适销对路，有利于树立和强化企业形象及产品形象，在目标市场上建立牢固的地位。同时，由于实行专业化经营，可节省生产成本和营销费用，增加利润。

缺点：目标过于集中，把企业的命运押在一个小范围的市场上，有较大风险。

3. 创业企业目标市场营销战略选择的因素

上述三种市场营销战略各有利弊，它们各自适用于不同的情况，企业在选择营销战略时，必须全面考虑各种因素，权衡得失，慎重决策。这些因素主要有：

（1）企业的实力；

（2）产品差异性的大小；

（3）市场差异性的大小；

（4）产品生命周期的阶段；

（5）竞争者的战略。

（三）创业企业市场定位

市场定位，就是针对竞争者现有产品在市场上所处的位置，根据消费者或用户对该种产品某一属性或特征的重视程度，为产品设计和塑造一定的个性或形象，并通过一系列营销活动把这种个性或形象强有力地传达给顾客，从而适当确定该产品在市场上的位置。

1. 如何开展市场定位

市场定位工作一般应包括三个步骤。

（1）调查研究影响定位的因素

适当的市场定位必须建立在充分进行市场营销调研的基础上，必须先了解影响市场定位的各种因素。这主要包括：

1）竞争者的定位情况；

2）目标顾客对产品的评价标准；

3）目标市场潜在的竞争优势；

（2）选择竞争优势和定位战略

企业通过与竞争者在产品、促销、成本及服务等方面的对比分析，了解自己的长处和短处，从而认定自己的竞争优势，进行恰当的市场定位。市场定位的方法很多，且还在不断开发中，一般包括以下七个方面。

1）特色定位。即从企业和产品的特色上加以定位。

2）功效定位。即从产品的功效上加以定位。

3）质量定位。即从产品的质量上加以定位。

4）利益定位。即从顾客获得的主要利益上加以定位。

5）使用者定位。即根据使用者的不同加以定位。

6）竞争定位。即根据企业所处的竞争位置和竞争态势加以定位。

7）价格定位。即从产品的价格上加以定位。

（3）准确地传播企业的定位观念

企业在做出市场定位决策后，必须大力开展广告宣传，把企业的定位观念准确地传播给潜在购买者。

2. 可供创业企业选择的市场定位战略

（1）"针锋相对式"定位。把产品定在与竞争者相似的位置上，同竞争者争夺同一细分市场。实行这种定位战略的企业，必须具备以下条件：

1）能比竞争者生产出更好的产品；

2）该市场容量大到足够吸纳这两个竞争者的产品；

3）比竞争者有更多的资源和实力。

（2）"填空补缺式"定位。寻找新的尚未被占领、但为许多消费者所重视的市场，即填补市场上的空位。这种定位战略有两种情况：一是这部分潜在市场即营销机会没有被发现，在这种情况下，企业容易取得成功；二是许多企业发现了这部分潜在市场，但无力去占领，这就需要有足够的实力才能取得成功。

（3）"另辟蹊径式"定位。当企业意识到自己无力与同行业强大的竞争者相抗衡，从而获得绝对的优势地位时，可根据自己的条件取得相对优势，即突出宣传自己与众不同的特色，在某些有价值的产品属性上取得领先地位。

第二节　网络营销与定价策略

一、网络营销

网络营销是将信息技术广泛应用于市场营销领域，并利用网络平台，通过电子方式开展公司业务的经营行为。网络营销可以为企业制定更有效的市场细分、目标市场选择、差异化和市场定位战略，从而创造更大的顾客价值；可以更高效地计划并执行产品分销、促销、定价、服务、创意等营销组合策略；也可以为消费者创造更好的交易环境，带来更好的消费体验。例如，很多初创企业会选择诸如淘宝、拼多多、京东等电商平台，而这些初创企业在每个"双十一"或者"618"等购物节所创造的财富值，足以令许多实体零售企业汗颜。因此，越来越多的企业和个体都加入了网络销售的大军。

目前，绿领创客可操作的网络销售模式有以下三种。

（一）通过淘宝、拼多多等传统电商平台发布销售信息

绿领创客通过这些传统 C2C 平台发布销售信息，借助这些平台已有的市场规模及自有物流——这种代理销售平台一般都有自己的配送体系和配送范围——进行发展。

1. 优势

（1）平台管理、订单管理不需要很多的人力资源。

（2）可以有稳定的客户来源和确切的消费者资料，容易通过服务提升忠诚度。

（3）在线支付可以加快企业资金周转。

（4）企业可以参与平台的促销活动，同时也可以更精确地了解在线活动的促销效果。

（5）可以获得客观及时的销售数据，更准确地进行库存管理。

2. 劣势

（1）这些平台带来的销售很可能小于传统渠道。

（2）订单处理和财务流程处理有风险。

（3）通过经销商直送解决物流问题，可能使得企业对销售平台的掌控力减弱，物流情况也无法得到及时有效的监管。

（二）借助小红书、抖音、快手、虎牙等新型网络平台发布销售信息

1. 优势

（1）这类平台一般配有完善的支付系统及售后服务，可以消除消费者对付款、退换货等服务的安全顾虑。

（2）企业对通过此类平台购买的消费者的服务成本较小。

2. 劣势

（1）无法获得消费者资料，对平台有很强的依赖性。

（2）由于减少经销环节，在让利给消费者的同时，低价供货也会产生倒货串货风险。

（3）第三方平台的逐利性会使得它将营销资源放在利润空间更大的竞争品牌上，从而使得现有消费者流失。

（三）企业自己建设网上销售平台

企业自己建设网上销售平台，自己推广运营，利用全国的营销网络实现配送或者将配送业务外包给第三方平台。

1. 优势

（1）以较少的经销环节，获得更多利润空间。

（2）对渠道和经销商的依赖程度将降低，或者说在与通路的谈判中更有优势，市场人员更轻松。

（3）成本降低（如促销品采购、库存、运输费用）。

（4）加快资金周转，减少财务流程。

（5）充分利用数据挖掘技术，获取准确的市场数据和客户信息，辅助决策。

（6）促销信息和美誉传播得更快更广。

2. 劣势

（1）搭建自营平台投入较大，而且维护不善极易遭受损失。

（2）容易引起实体分销渠道价格体系混乱。

（3）自营网站的推广和商品配送面临难题。

（4）负面信息对品牌的影响将是巨大的。

事实上，除了网络销售，还有针对个别群体的电话订购、电视购物，这些成熟的模式必然给渠道变革带来新的启示。同时，消费者的行为习惯也在发生改变，若绿领创客能抓住新的机遇，及时调整营销渠道、战略方向，与时俱进、不断创新，必将取得较好的销售成绩，这也是创业企业努力的方向。

二、定价策略

定价策略是指企业根据市场中不同变化因素对商品价格的影响程度，采用不同的定价方法，制定出适合市场变化的商品价格，进而实现定价目标的企业营销战术。绿领创客应熟悉和掌握以下几种定价策略。

（一）新产品定价策略

新产品的定价直接关系到新产品能否顺利进入市场，能否站稳脚跟，能否获得较大的经济效益。目前，国内外关于新产品的定价策略，主要有三种，即取脂定价策略、渗透定价策略和满意定价策略。

1. 取脂定价策略

取脂定价策略，又称撇油定价策略，是指企业在产品生命周期的投入期或成长期，利用消费者的求新、求奇心理，抓住激烈竞争尚未出现的有利时机，有目的地将价格定得很高，以便在短期内获取尽可能多的利润，尽快地收回投资的一种定价策略。"取脂"这一名称来自从鲜奶中撇取乳脂，含有提取精华之意。

例如，苹果在每代新产品问世前，就已在广大消费者心里激起了无限的好奇与期待；而当新产品一出现在市场，其价格也相当高，以至于让很多的消费者望而却步。然而，尽管其价格相对较高，但并没有因此而降低其销售量，反而更加坚固了"苹果"在消费者心中的高端形象，同时也吸引了越来越多的"苹果粉丝""苹果迷"，给苹果带来了更多的忠实顾客。然而，就在其销路甚好，市场并未饱和的时候，苹果又开始研发更新一代的产品，使之前的产品降价，让利于消费者。在最新产品尚未上市之前，之前的产品已成了市场上的热销产品，市场覆盖已达到了一个相当的高度，为新产品的问世开辟了一条更为宽广的销路。而在最新产品出来的时候，其价格比上一代产品还要高，其销售仍然很好。苹果因而在其产品中"撇到了更多的脂"。

2. 渗透定价策略

渗透定价策略，又称薄利多销策略，是指企业在产品上市初期，利用消费者求廉的消费心理，有意将价格定得很低，使新产品以物美价廉的形象，吸引顾客，占领市场，以谋取远期的稳定利润。

3. 满意价格策略

满意价格策略，又称平价销售策略，是介于取脂定价和渗透定价之间的一种定价策略。由于在取脂定价策略下，产品定价过高，对消费者不利，既容易引起竞争，又可能遭到消费者拒绝，企业有一定风险；而在渗透定价策略下，产品定价过低，对消费者有利，对企业不利，初期收入减少，资金的回收期也较长，若企业实力不强，将很难承受。而满意价格策略采取适中价格，基本上能够做到使供求双方都比较满意。

（二）差别定价策略

所谓差别定价，也叫价格歧视，就是企业按照两种或两种以上不反映成本费用的比例差异的价格销售某种产品或劳务。差别定价有四种形式：

1. 顾客差别定价。即企业按照不同的价格把同一种产品卖给不同的顾客。例如，某汽车经销商按照目标价格把某种型号的汽车卖给顾客 A，同时按照较低价格把同一种型号的汽车卖给顾客 B。这种价格歧视表明，顾客的需求强度和对商品的认知有所不同。

2. 产品形式差别定价。即企业对不同型号或形式的产品分别制定不同的价格，但是，不同型号或形式产品的价格之间的差额和成本费用之间的差额并不成比例。

3. 产品部位差别定价。即企业对于处在不同位置的产品分别制定不同的价格，即使这些产品的成本费用没有任何差异。例如剧院，虽然不同座位的成本费用都一样，但是不同座位的票价有所不同，这是因为人们对剧院的不同座位的偏好有所不同。

4. 销售时间差别定价。即企业对不同季节、不同时期的同一产品分别制定不同的价格。

（三）心理营销定价策略

心理营销定价策略是针对消费者的不同消费心理，制定相应的商品价格，以满足不同类型消费者的需求的策略。心理营销定价策略一般包括尾数定价、整数定价、习惯定价、声望定价、招徕定价和最小单位定价等具体策略。

1. 尾数定价策略。尾数定价，又称零头定价，是指企业针对消费者的求廉心理，在商品定价时有意定一个与整数有一定差额的价格。这是一种具有强烈刺激作用的心理定价策略（见图 8-1、图 8-2）。

心理学家的研究表明，价格尾数的微小差别，能够明显影响消费者的购买行为。一般认为，5 元以下的商品，末位数为 9 最受欢迎；5 元以上的，末位数为 95 效果最佳；百元以上的商品，末位数为 98 或 99 最为畅销。尾数定价会给消费者一种获得了最低价格的心理感觉；有时也可以给消费者一种商品变便宜了的感觉。

尾数定价法中的尾数多为奇数，如9、5等，从心理学角度看，这主要是因为消费者对奇数有好感，容易产生一种价格低廉、价格向下的感觉。但在中国，由于8与发谐音，在定价中8出现的频率也非常高。所以不同的尾数在不同的国家、不同的民族中有不同的效果，要根据当地的风俗习惯来确定。

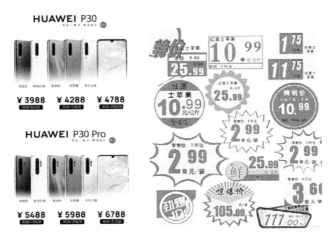

图 8-1　华为手机的尾数定价法　　图 8-2　超市海报

2. 整数定价策略。在没有移动支付的年代，如果顾客要买一瓶水或一支牙刷，必须在口袋里找硬币，或者让商家找零，这就显得十分麻烦。出于这个原因，卖家经常对一些商品使用整数定价。由于同类型产品，生产者众多，花色各异，因此在许多交易中，消费者往往只能将价格作为判别产品质量、性能的指示器。同时，对比采用尾数定价策略定价的商品，定价为整数的商品能给人一种方便、简洁的印象。

3. 习惯定价策略。某些商品需要经常、重复地购买，因此这类商品的价格在消费者心理上已经定格，成为一种习惯性的价格。

许多商品尤其是一些常见的物品，在市场上已经形成了一个习惯价格，消费者已经习惯于在消费这种商品时，只愿付出这个价格。如一瓶普通矿泉水基本在5元以内，对于特殊场合如在景区内高价出售的水，消费者就觉得难以接受。对这些商品，一般应依照习惯确定其价格，不要随便改变价格，以免引起顾客的反感。善于遵循习惯确定产品价格的商家往往获益匪浅。

第三节 品牌与包装策略

一、品牌设计

（一）品牌名称及设计要求

1. 简洁醒目，易读易懂，使人在短时间内产生印象，易于理解、记忆并产生联想。

（1）"美加净""佳洁士"，其品牌名称易记易理解，被誉为品牌名称佳作。

（2）"M"这个很普通的字母，对其施以不同的艺术加工，就形成表示不同商品的标记或标志：棱角圆润、颜色鲜艳的"M"形拱门是麦当劳的标记，给人以亲切之感，已成为人们喜爱的快餐标志；而棱角分明、双峰突起的"M"是摩托罗拉的标志，摩托罗拉借此突出了自己在无线电领域的特殊地位和高科技的形象。

2. 构思巧妙，暗示属性。品牌应是企业形象的典型概括，反映企业的个性和风格，使消费者产生信任。

如卡尔·本茨（Karl Benz）先生作为汽车发明人，以其名字命名的奔驰车（Mercedes-Benz）100多年来赢得了顾客的信任，品牌美誉一直深入人心。那个构思巧妙、简洁明快、特点突出的圆形的汽车方向盘似的特殊标志，已经成了豪华优质高档汽车的象征。

3. 富蕴内涵，情意浓重。品牌可引起顾客的强烈兴趣，诱发美好联想，使顾客产生购买动机。

如红豆是一种植物；同时，红豆也是江苏红豆集团的企业名称和服装品牌。红豆是美好情感的象征，其英文是"the seed of love"（爱的种子）。提起它，人们就会想起王维的千古绝句和牵动人的思乡及相思之情。红豆集团正是借助"红豆"这一富蕴中国传统文化内涵、情意浓重的品牌"红"起来的。

4. 避免雷同，超越空间的限制。品牌运营的最终目标是通过不断提高品牌竞争力，超越竞争对手。如果品牌的设计与竞争对手雷同，那将永远居于人后，达不到最终超越的目的。在我国，由于企业的品牌意识还比较淡薄，品牌运营的经验还比较少，品牌雷同的现象非常严重。据统计，我国以"熊猫"为品牌名称的有311家企业，"海燕"和"天鹅"两个品牌分别有193家和175家企业同时使用。除了重名，还有许多名称极其相似的品牌。

超越空间的限制是指品牌要超越地理文化边界的限制。由于世界各国的历史文化传统、语言文字、风俗习惯、价值观念和审美情趣不同，消费者对于一个品牌的认知、联想必然会有很大差异。

若将"sprite"直译成"妖精"，又有多少中国人乐于认购呢？而译成符合中国文化特征的"雪碧"，就比较准确地揭示了品牌标定产品的"凉、爽"等属性。美国通用汽车公司品牌"诺瓦"（Nova）在西班牙语系的国家销售受阻，只因 nova 在西班牙语中有"不走""走不动"之意。通用汽车公司后将"诺瓦"改为拉美人比较喜欢的"加勒比"，结果很快打开市场。

（二）品牌命名的主要方法

1. 效用命名。以产品的主要性能和效用命名，使消费者迅速理解商品功效，便于联想和记忆（感冒清、胃必治、太太口服液等）。

2. 产地命名。用商品的产地命名，可反映商品传统特色和优越性能（茅台、鄂尔多斯等）。

3. 人物命名。以历史人物、传奇人物、制造者及对产品有特殊偏好的名人姓名命名，衬托和说明产品品质，提高产品身价（王守义、张小泉、李宁、麦当劳、奔驰、吉列等）。

4. 制法命名。多被用于具有独特制造工艺或研制过程有纪念意义的商品的命名，以表示制作精良，从而提高产品威望（北京烤鸭、北京二锅头、傣家干烧牛肉等）。

5. 好兆命名。以吉利的词句、良好的祝愿命名，既暗示商品性能优良，又迎合消费者美好愿望（登喜路、草原兴发及红双喜等）。

6. 译名命名。指国外进口商品的商标译名，以及模仿国外商标译名来命名的中文品牌。有音译、意译和音意兼顾三种。

（1）音译

纯粹音译的品牌有限（如 Sony——索尼、Olympus——奥林巴斯、Lux——力士等）。

（2）意译

意译的外国商标较少（如 Crown——皇冠、Gold Queen——金皇后等）。

（3）音意兼顾

音意兼顾在品牌译名中最为常见（Pepsico——百事可乐、Montaqut——梦特娇等）。

7. 夸张命名。用艺术夸张的词句命名，以显示商品的独特功效（如永久、飞鸽）。

8. 企业命名。可直接说明商品的来源，有利于借助企业声誉推出新产品（如伊利、蒙牛等）。

9. 形象命名。用动物形象或抽象图案为商品命名，以增强感染力（如雪花、天鹅等）。

10. 数字命名。用阿拉伯数字命名有两种情况：

（1）数字本身无任何含义，只是简单、易记、活泼，如 555、999 等；

（2）数字的谐音暗含一定的意义，如 1314、888、520 等。

二、品牌策略

（一）品牌建立决策

有关品牌的第一个决策就是决定是否给产品加上一个品牌。品牌所起的作用在商品经济高度发达的今天体现得十分突出，一切产品几乎都有品牌。品牌是一种无形资产，即使绿领创客在偏远的农村创业，树立自己的品牌也十分重要。世界上一流的企业无不是以名牌打天下，如美国的可口可乐、德国的奔驰、日本的丰田等。2023 年 6 月 15 日，谷歌和凯度联合发布"2023 年中国全球化品牌 50 强"榜单及报告，其中字节跳动、华为、海尔等品牌位列中国品牌全球化十强，蓄势跃迁的中国全球化品牌正在积极主动地发力，影响全球用户的品牌决策。

（二）品牌归属决策

品牌归属决策是指使用哪家品牌，具体有下述几种选择。

1. 使用制造商品牌

如果制造商具有良好的市场信誉，拥有较大的市场份额，则使用制造商品牌。可将享有盛誉的著名商标租借给别人使用，从而收取一定的特许权使用费。很多服装品牌的商标，如南极人、恒源祥、太子龙、富贵鸟、稻草人等都曾将自己的品牌出租，授权给诸如旗舰店、自营店、专卖店、直销店、工厂店等。

2. 使用中间商品牌

如果中间商在某一市场领域拥有良好的品牌信誉及庞大完善的销售系统，那些新进入市场的中小企业就可能会借助中间商品牌。西方国家已有越来越多的中间商使用自己的品牌，如美国著名的大零售商西尔斯公司有 90% 以上的产品使用自己的品牌。

3. 制造商品牌与中间商品牌混合使用

制造商使一部分产品使用自己的品牌，另一部分使用中间商品牌，以求既扩大销路，又保持本企业品牌特色。为了进入新市场，可先采用中间商品牌，取得一定市场地位后改用制造商品牌。

如日本索尼公司的电视机初次进入美国市场时，在美国最大的零售商西尔斯公司出售，用的是西尔斯品牌。之后索尼公司发现其产品很受美国人的欢迎，就改用自己的品牌出售了。

4.制造商品牌与销售商品牌同时使用

这种方式兼具两种品牌单独使用时的优点。许多大型零售商店，如上海中百一店、北京王府井百货有不少商品除了使用制造商品牌，还标明上海中百一店或北京王府井百货监制或经销。

（三）品牌质量决策

1.决定品牌的最初质量水平

最初质量水平包括低质量、一般质量、中上质量、高质量。每一种质量水平的产品都有其市场，都有与之相适应的顾客。决定品牌最初质量水平，应该和选择目标市场及产品定位结合进行。

如欧米茄手表的历史源远流长，品牌的最初质量水平就是高质量。欧米茄手表造型高雅、性能精确，因此在制表业独占鳌头。

2.管理品牌质量

提高品牌质量，在研究开发上不断投入资金、改进产品质量，以取得最高的投资收益率和市场占有率（如宝洁公司）。

3.保持品牌质量

如若逐渐降低品牌质量，淘汰就会成为定局。因产品价格下跌或原材料价格上涨而改用廉价材料替代，或为多得利润而偷工减料、掺假等，都会降低品牌质量，损害其长期赢利的能力。

（四）品牌统分决策

制造商决定使用自己的品牌，但是各产品分别使用不同的品牌，还是使用一个统一的品牌，可供选择的策略有以下几种。

1.个别品牌，即企业各种不同的产品分别使用不同的品牌。其好处是：有利于企业扩充高、中、低档各类产品，以适应不同的市场需求；产品各自发展，在市场竞争中增强了安全感。例如，宝洁公司生产的各种日化产品分别使用汰渍、奥妙及碧浪等不同品牌，仅就洗发水这一种产品，宝洁就创造了飘柔、海飞丝、潘婷、沙萱及润妍等不同品牌。从 1988 年进入中国以来，宝洁缔造了一个难以企及的神话。

2.统一品牌，即企业所有产品统一使用一个品牌。其优点是节省品牌设计和广告费用，有利于为新产品打开销路。例如：我国上海益民食品公司的所有产品都是"光明牌"；美国通用电气公司的所有产品都统一使用"GE"这个品牌名称。

3.分类品牌，包括两种情况：一是各产品线分别使用不同品牌，避免发生混淆；二是生产或销售同类型的产品，因产品质量水平有较大差异，故使用不同品牌以便于识别。前者例如：西尔斯公司所经营的器具类产品、妇女服装类产品及主要家庭设备类产品分别使用不同的品牌名称。后者例如：国内内蒙古河套酒业公司生产的白酒，一等品的品牌名称是河套王，以下依次采用河套老窖、河套人家等300多个名称。

4.企业名称加个别品牌，即在产品的品牌名称前冠以企业名称，可使产品既享有企业已有的信誉，又各具特色，这是统一品牌与个别品牌同时并行的一种方式。例如：美国通用汽车公司所生产的各种小轿车虽然分别使用不同的品牌——凯迪拉克、别克、雪佛兰等，但每个品牌上都另加"GM"两个字母，以表示这是通用汽车公司的产品。

（五）品牌延伸决策

品牌延伸决策指企业利用其成功品牌的声誉来推出改良产品或新产品的策略。

营销实践告诉我们，在中国，品牌延伸有顽强的生命力，是企业发展的加速器。有人比喻，在西方国家品牌延伸就像当年成吉思汗横扫欧亚大陆一样，席卷了整个广告和营销界。过去10年来，十分成功的品牌有2/3都属于延伸品牌，而不是新品牌。

（六）品牌重新定位决策

随着时间的推移，品牌在市场上的位置会有所改变，如竞争者的品牌定位接近本企业品牌，夺走了一部分市场；消费者的偏好发生变化，企业面临改革。这时，就有必要对品牌进行重新定位。

重新定位品牌，确定新的市场位置，主要考虑两个因素：

1. 品牌转移到新市场位置所需要的费用，如改变产品质量、包装，做广告的花费；

2. 品牌在新位置上所能得到的收入，它受市场范围大小、平均购买频率、竞争者数目和实力，以及其他品牌价格水平对本企业品牌定价的约束等因素影响。

"日本制造"在人们心目中一向拥有可信赖的、微型的及精致的高科技产品形象。但 1999 年以来，日本公司的产品接连发生质量问题，使"日本制造"在用户心目中的形象一落千丈，英国人大喊："日本制造不灵了。"因此，日本产品的重新定位已迫在眉睫。

（七）品牌防御决策

商标是企业的无形资产，驰名商标更是企业的巨大财富。因此，企业在经营品牌与商标的过程中，要及时注册，防止商标被他人抢注，还要杜绝近似商标注册事件的发生。而防止近似商标注册的有效方法就是主动进行防御性注册，实施商标防御性策略。

1. 在相同或类似的产品上注册或使用一系列相互关联的商标（联合性商标），以保护正在使用的商标或备用商标。

2. 在若干不同种类的产品或行业注册同一商标，以防止他人将自己的商标运用到不同种类的产品或不同的行业上（防御性商标）。

三、包装策略

（一）包装的含义、种类与作用

1. 包装的含义

包装是指对某一品牌的商品，进行容器或包扎物设计和制作的一系列活动。其构成要素有以下几点。

（1）商标、品牌。在包装中，商标、品牌是最主要的构成要素，应占据突出位置。

（2）形状。在包装中，形状是必不可少的组合要素，有利于储运、陈列及销售。

（3）色彩。在包装中，色彩是最能起到刺激销售作用的构成要素，对顾客有强烈的感召力。

（4）图案。在包装中，图案的作用如同广告中的画面。

（5）材料。包装材料的选择影响包装成本，也影响产品的市场竞争力。

（6）标签。标签中含有大量商品信息：产品所含主要成分、品牌标志、产品质量等级、生产厂家、生产日期、有效期和使用方法等。

2. 包装的种类

（1）运输包装（外包装或大包装）——主要用于保证产品品质和数量完整。

（2）销售包装（内包装或小包装）——实际上是零售包装，不仅要保护商品，更重要的是要美化和宣传商品，吸引顾客，方便消费者认识、选购、携带和使用。

3. 包装的作用

包装的作用主要表现在保护商品、便于储运、促进销售及增加盈利。例如，据美国杜邦公司研究发现，63%的消费者会根据商品包装做出购买决策，因此包装是"沉默的推销员"。而苏州生产的檀香扇，在市场上原价是 65 元一把，后来改用成本为 5 元的锦盒包装，售价达 165 元一把，销量还大幅度提高。

（二）包装的要求与策略

1. 包装的要求

（1）消费者的要求。包装的颜色、图案、形状、大小及语言等要考虑不同国家、地区及民族的消费者的习惯和要求。

（2）运输商的要求。包装必须便于装卸、结实及安全，不至于在到达目的地前就遭到损坏。

（3）分销商的要求。包装设计要合理、美观，能有效利用货架，容易拿放，同时能吸引顾客。

（4）政府的要求。包装材料的选择要符合政府的环保标准，节约资源，减少污染，禁止使用有害包装材料，实施绿色包装战略。

2. 包装策略

（1）类似包装策略，也叫产品线包装，指企业生产的各种产品，在包装上采用相同的图案、相近的颜色，体现出共同的特点。它可以节约设计和印刷成本；易树立企业形象，提高企业声誉；有助于新产品推销。但是，某一产品质量下降会影响到采用类似包装的其他产品的销路。

（2）等级包装策略：一是对不同质量等级的产品分别使用不同包装，表里一致；二是对同一商品采用不同等级的包装，以适应不同购买力水平或不同顾客的购买心理。

（3）异类包装策略，指企业各种产品都有自己独特的包装，在设计上采用不同风格、不同色调和不同材料。在这种策略下，某一种商品营销失败不会影响其他商品的市场声誉；但企业因此增加了包装设计费用，并且在新产品进入市场时，企业花费了更多的销售推广费用。

（4）配套包装策略，指企业将几种相关的商品组合配套包装在同一包装物内。它方便消费者购买、携带与使用；有利于带动多种产品销售及新产品进入市场。

（5）再使用包装策略，指包装物内商品用完之后，包装物本身还可用作其他用途。它通过给消费者额外的利益而扩大销售，同时包装物再使用可起到延伸宣传的作用。但这种刺激只能收到短期效果。

（6）附赠品包装策略，指在包装物内附有赠品，以诱发消费者重复购买。

（7）更新包装策略，指企业的包装策略随市场需求的变化而改变的做法。若商品遭遇口碑崩塌事件，它可以改变商品在消费者心目中的地位，进而起到迅速恢复企业声誉之佳效。

第四节　营销组合策略

营销组合策略包含产品策略（product）、价格策略（price）、促销策略（place）及营销渠道策略（promotion）等四个策略，这四个以 p 开头的英文单词，并称营销的"4P 策略"。绿领创客需要学会如何将这四个策略密切地组合，树立企业品牌，达成销售。

一、打造优质的产品

（一）功能用途

功能用途是产品最基本的立足点，顾客购买产品希望获得什么功能、实现什么效用、解决什么问题，绿领创客在开发产品时需要最先考虑。

（二）质量

如果产品的价格非常优惠，但是质量不过关，消费者还是会避而远之。而质优的产品或服务，即便价格很高，消费者通常也愿意接受，因为质量代表着放心、安全、无风险、持久。

（三）特色差异

市场竞争日趋激烈，市场上同质化的产品也越来越多，这就要求绿领创客挖掘自身特色，开发与竞争对手有差异的产品，力争脱颖而出。

（四）包装

产品的质量如何，消费者在使用后才能评价，因此客户对产品的第一印象，一般来自产品的外包装。绿领创客可以考虑使用有特色且有一定含义的，诸如与产地、品牌、传统文化等相关的外包装，来吸引消费者的目光。

（五）附加服务

附加服务是指，伴随着产品的出售，企业向客户提供的各种附加价值，如产品的介绍、送货、安装、调试、维修等。例如，论口味，海底捞也许不是火锅店中最出色的，但是却凭借"逆天"的服务成为餐饮行业的标志性企业。

二、产品生命周期及产品定价

在企业营销过程中，价格虽然不是唯一的因素，但绝对是一个非常重要的因素，所以如何制定和运用好价格策略对企业的经营至关重要。

（一）产品生命周期

产品生命周期是产品的市场寿命，即一种新产品从开始进入市场到被市场淘汰所经历的市场生命循环过程，进入市场和退出市场标志着周期的开始和结束。

产品生命周期理论是美国哈佛大学教授雷蒙德·弗农 1966 年在其《产品周期中的国际投资与国际贸易》一文中首次提出的。弗农认为，产品生命是指市场上的营销生命。产品和人一样，要经历形成、成长、成熟、衰退这样的周期。而这个周期在不同技术水平的国家里，发生的时间和过程是不一样的，其间存在一个较大的时差。这一时差反映了同一产品在不同国家市场上的竞争地位的差异，从而决定了国际贸易和国际投资的变化。

产品在各个时期的特点如下。

1.开发期。开发期指从开发产品的设想到产品投入市场的时期。此期间该产品销售额为零，企业投资不断增加。此时，顾客对产品还不了解，除了少数追求新奇的顾客，几乎没有人实际购买该产品。在此阶段，产品生产批量小，制造成本高，广告费用大，销售价格偏高，销售量极为有限，企业通常不能获利。

2.成长期。产品在销售取得成功之后，便进入了成长期。这是需求增长阶段，需求量和销售额迅速上升，生产成本大幅度下降，利润也显著增加。但由于利润增长较快，容易吸引更多的竞争者。

3.成熟期。经过成长期之后，随着购买产品的人数增多，市场需求趋于饱和，产品便进入了成熟期。此时，销售增长速度缓慢直至转而下降，此外由于竞争的加剧，企业为保持产品地位需投入大量的营销费用，导致广告费用提高，利润逐渐下滑。

4.衰退期。随着科技的发展、新产品和替代品的出现及消费习惯的改变，产品销售量显著减少，利润也大幅度滑落，产品进入衰退期。优胜劣汰，市场竞争者也越来越少。

营销是一个动态的科学，有太多的变数影响着营销的成效。因此，营销组合策略没有既定的最佳方案，最佳的组合方案要视市场现状自己去制订。创业企业在不同成长阶段有各自的成长特点，应采取不同的营销组合策略，以适应不同成长阶段的不同要求，达到营销战略的目标。

（二）产品在不同阶段的定价策略

不管企业生产的产品质量有多好，产品价格还得由市场说了算。

如华为 P50 Pro 作为华为旗下的高端旗舰手机之一，一问世便以卓越的性能和创新的功能受到消费者的青睐。最初上市时，华为 P50 Pro 的最高价格定在了 6488 元，然而随着华为 Mate 60 系列的发布和消费者对新产品的追逐，华为 P50 Pro 的售价发生了变化。现在华为 P50 Pro 的官方最低售价仅为 3388 元，并且正在慢慢地退出华为手机的主力市场。

所以，绿领创客需理解，一个产品的价格在它生命周期的不同阶段是不同的。

1.开发期。产品在开发期进入市场，定价较高，但利润较低，因为营销成本高。

2.成长期。在成长期，产品逐渐得到市场认可，定价较高，利润开始增长。

3.成熟期。在成熟期，因为大多数潜在顾客已经买了，新顾客很少，此时应降低价格或进行打折销售。企业应在此时开发新产品，并使其迅速进入市场。

4.衰退期。在衰退期，原有产品的销售额和利润开始下降，宣告退出市场，新产品开始赢利。

（三）产品进入市场的最佳阶段

作为创业者，绿领创客需要明白产品进入的市场正处于哪个阶段，从而确定营销策略。较早进入市场，就能够在市场的发展阶段获得最大的利润。而且，这个阶段的竞争也不是很激烈。如果想在产品的成长期和成熟期获利，那就需要在产品的开发阶段就进入市场。这个阶段的营销任务就是向顾客介绍新产品，使顾客了解新产品将给他们带来什么。但是同时，较早进入市场，就意味着营销费用相对较高。

三、不同时期的营销组合策略

（一）开发期的营销组合策略

在开发期，如果企业选择建立自己的品牌，就要在创业开始时就树立极强的品牌意识，对品牌进行全面的规划，在企业的经营、管理、销售、服务及维护等多方面都以创立品牌为目标，不仅仅要依赖传统的战术性方法，如标志设计和传播、媒体广告及促销等，还要确立品牌的核心价值，给顾客提供一个独特的购买理由。

尽管品牌化是商品市场发展的大趋向，但对于单个企业而言，是否要使用品牌还必须考虑产品的情况和顾客的实际需要。那些实力较弱的创业企业由于受到企业规模、人员、资金及时间的制约，并且在生产过程中无法形成具有一定特色的产品，或由于产品同质化程度高，顾客在购买时不会过多地注意品牌，无品牌化策略不失为一个可选的方法，这样可以节省费用，扩大销售。

（二）成长期的营销组合策略

当创业企业步入成长期时，提高品牌的认知度、强化顾客对品牌核心价值和品牌个性的理解是企业营销的重点。其中，最重要的途径是加强与顾客的沟通。顾客是通过各种方式获得信息的，既通过各种媒体的广告、产品的包装及商店内的推销活动，又通过接触产品、售后服务和邻居朋友的口口相传。因此，企业要综合协调地运用各种形式的传播手段，来建立品牌认知，为今后步入成熟期打下良好基础。建立、提高和维护品牌认知是企业争取潜在顾客、提高市场占有率的重要步骤。

由于资源相对多样和可变的消费需求来说是有限的，成长期的企业不可能去满足市场上的所有需求，因此，企业必须针对某些自己拥有竞争优势的目标市场进行营销。品牌定位是企业以满足特定目标顾客群的独特心理需求为目的，并借此在同类品牌中建立具有比较优势的品牌的策略。通过锁定目标顾客，企业能够在目标顾客心目中确立一个与众不同的差异化竞争优势和位置，连接品牌自身的优势特征与目标顾客的心理需求。在当今这个信息过度膨胀的社会里，只有有效地运用定位这种传播方式和营销策略，才能使品牌在激烈的竞争中脱颖而出。这样，一旦顾客有了相关需求，就会开启大脑的记忆和联想之门，自然而然地想到该品牌，并实施相应的购买行为。

由于绿领创客的初创企业不太可能处于成熟期和衰退期，故本书对此不再多做介绍。

第九章
财务能力勤提升

　　财务管理是企业管理活动的一项重要内容，是对资金进行的管理，主要解决企业资金的筹集、运用和分配等问题。财务管理讲求成本效益原则，通过对资金的管理，使企业资金更有效地为企业带来效益。

　　处于初创期的绿领创客往往将管理的重点放在经营上，而忽视财务管理。而实际上对企业财务管理水平如何，能否适应创业初期的管理要求，绿领创客必须要有个清晰的认识。绿领创客要对企业进行有效的财务管理，必须全面了解企业财务管理的现状，以及在财务管理过程中存在的主要问题，并对其进行改进。因此，绿领创客一定要懂得一些基本的财务知识。

第一节　财务的基本概念

一、创业企业的财务计划与管理

（一）企业财务基本概念

　　资金紧张是初创企业面临的共同问题，为了生存和发展，绿领创客必须高效率地使用资金资源。为此，财务计划和管理就成为绿领创客必备的知识和技能。

　　1. 常用术语

　　（1）资产，是指在过去的交易、事项中形成并由企业拥有或者控制的资源。该资源预期会给企业带来经济利益。

　　（2）流动资产，是指可以在一年或者超过一年的一个营业周期内变现或者耗用的资产，主要包括现金、银行存款、短期投资、应收账款、预付款项、存货及待摊费用等。

　　（3）固定资产，指使用年限在一年以上、单位价值在规定标准以上，并在使用过程中保持原有物质形态的资产，包括房屋建筑物、机器设备、运输设备及工具器具等。

　　（4）折旧，根据固定资产在整个使用寿命中的磨损状态而确定的成本分析结构。

（5）负债，是指由过去的交易或事项所引起的企业的现时义务。这种义务需要企业在将来以转移资产或提供劳务的形式加以清偿，从而引起未来经济利益的流出。

（6）流动负债，是指企业将在一年（含一年）或者超过一年的一个营业周期内偿还的负债，包括短期借款、应付票据、应付账款、预收款项、应付职工薪酬、应付股利、应交税费、其他暂收应付款项、预提费用和一年内到期的长期借款等。

（7）所有者权益，是企业投资人对企业净资产的所有权，是企业全部资产减去全部负债后的余额。

（8）收入，是指企业在销售商品、提供劳务及让渡资产使用权等日常活动中所形成的经济利益的总流入。这种总流入表现为资产的增加或债务的清偿。

（9）费用，是企业在生产和销售商品、提供劳务等日常活动中所产生的各种耗费，是经济利益的流出。

（10）利润，是企业在一定期间内生产经营活动的最终财务成果，也就是收入与费用相抵后的差额。它是反映经营成果的最终要素。

2. 会计处理相关概念、等式

（1）权责发生制，是指以实质取得收到现金的权利或支付现金的责任的发生为标志，来确认本期收入和费用，以及债权和债务。

（2）财务会计报告，是企业和其他单位向有关各方面及国家有关部门提供财务状况和经营成果的书面文件。根据《企业会计制度》的规定，企业的财务会计报告由会计报表、会计报表附注和财务情况说明书组成。

会计报表，是财务会计报告的主要组成部分，它是根据会计账簿记录和有关资料，按照规定的报表格式，反映一定期间的经济活动和财务收支情况及其结果的一种报告文件。

会计报表主要包括资产负债表、利润表、现金流量表及各种附表。

（3）会计恒等式，是指各个会计要素在总额上必须相等的一种关系式。

$$资产 = 负债 + 所有者权益$$

这是会计记账和核算的基础，更是编制产负债表的基础。它表明了股东与债权人二者在企业的资产中到底占了多大的份额。

（二）创业企业财务计划的编制

企业为达到一定目的而进行的筹措和运用资金的活动就是财务。企业是营利性的组织，企业的全部经营活动都是以资金为支柱进行的，其出发点和归宿是获利。

1. 企业的预算体系

财务预算是关于资金筹措和使用的计划，包括现金收支和短期信贷、长期资本支出和长期资金筹措等。它是企业全面预算的一个重要部分，综合反映企业预算期内的现金收支、经营成果和财务状况。

2. 现金预算的编制

现金预算的编制，以各项营业预算和资本预算为基础，它反映各预算期的收入款项和支出款项，并做对比说明。其目的在于资金不足时筹措资金，在资金多余时及时处理现金余额，并且提供现金收支的控制限额，发挥现金管理的作用。

下面通过实达公司 2023 年的现金预算来简要说明现金预算的编制。

（1）销售预算

实达公司 2023 年销售预算见表 9-1。销售预算通常也包括对预计现金收入的计算，每期的现金收入等于以前各期应收账款收回数，加本期销售过程中可能收到的货款（见表 9-2）。

表9-1　实达公司销售预算

项目	时期				
	第一季度	第二季度	第三季度	第四季度	全年
预计销售量 / 件	100	150	200	180	630
预计单位售价 / 元	200	200	200	200	200
营业收入 / 元	20 000	30 000	40 000	36 000	126 000

表9-2　预计现金收入

单位：元

项目	时期				
	第一季度	第二季度	第三季度	第四季度	全年
应收账款收回数	6200	8000	12 000	16 000	—
本期销售中收到的货款	12 000	18 000	24 000	21 600	—
合计	18 200	26 000	36 000	37 600	117 800

（2）生产预算

生产预算见表9-3。

表9-3　生产预算

单位：件

项目	时期				
	第一季度	第二季度	第三季度	第四季度	全年
预计销售量	100	150	200	180	630
加：预计期末存货	15	20	18	20	20
合计	115	170	218	200	650
减：预计期初存货	10	15	20	18	10
预计生产量	105	155	198	182	640

预计生产量＝预计销售量＋预计期末存货－预计期初存货

通常，企业需要设置一定的存货，以保证能在产生意外需求时按时供货，保证生产均衡。在本例中，预计销售量来自销售预算。

（3）直接材料预算

直接材料预算见表9-4。

表9-4　直接材料预算

项目	时期				
	第一季度	第二季度	第三季度	第四季度	全年
预计生产量/件	105	155	198	182	640
单位产品材料用量/千克·件$^{-1}$	10	10	10	10	10
生产需要量/千克	1050	1550	1980	1820	6400
加：预计期末存量/千克	310	396	364	400	400
合计/件	1360	1946	2344	2220	6800
减：预计期初存量/千克	300	310	396	364	300
预计材料采购量/千克	1060	1636	1948	1856	6500
单价/元·千克$^{-1}$	5	5	5	5	5
预计采购金额/元	5300	8180	9740	9280	32 500

预计生产量来自生产预算，单位产品材料用量的数据来自标准成本资料或消耗定额资料，单价根据标准成本资料确定。

直接材料预算是以生产预算为基础编制的，同时要考虑原材料存货水平。本例中按下一季度的生产需要量的20%安排预计期末存量。

预计材料采购量＝（生产需要量＋预计期末存量）—预计期初存量

预计现金支出见表9-5。

表9-5　预计现金支出

单位：元

项目	时期				
	第一季度	第二季度	第三季度	第四季度	全年
偿还上期应付账款	2350	2650	4090	4870	—
本季度支付的货款	2650	4090	4870	4640	—
合计	5000	6740	8960	9510	30 210

为了以后编制现金预算，通常要预计各季度材料采购的现金支出。每个季度的现金支出包括偿还上期应付账款和本期应支付的采购货款。本例假设材料采购的货款有50%在本季度内付清，另50%在下季度付清。

（4）直接人工预算

直接人工预算见表9-6。

表9-6　直接人工预算

项目	时期				
	第一季度	第二季度	第三季度	第四季度	全年
预计生产量/件	105	155	198	182	640
单位产品工时/小时	10	10	10	10	10
人工总工时/小时	1050	1550	1980	1820	6400
每小时人工成本/元	2	2	2	2	2
人工总成本/元	2100	3100	3960	3640	12 800

预计生产量数据来自生产预算，单位产品工时、每小时人工成本来自标准成本资料。

人工总成本＝人工总工时 × 每小时人工成本

（5）制造费用预算

制造费用预算见表9-7。

表9-7　制造费用预算

单位：元

项目	时期				
	第一季度	第二季度	第三季度	第四季度	全年
变动制造费用	525	775	990	910	3200
间接人工	105	155	198	182	640
间接材料	105	155	198	182	640
修理费	210	310	396	364	1280
水电费	105	155	198	182	640
固定制造费用	2375	2525	2310	2390	9600
修理费	1000	1140	900	900	3940
折旧	1000	1000	1000	1000	4000
管理人员工资	200	200	200	200	800
保险费	75	85	110	190	460
财产税	100	100	100	100	400
合计	2900	3300	3300	3300	12 800

项目	时 期				
	第一季度	第二季度	第三季度	第四季度	全年
减：折旧	1000	1000	1000	1000	4000
现金支出的费用	1900	2300	2300	2300	8800

制造费用预算通常分为变动制造费用和固定制造费用。其中，折旧无须支付现金，总制造费用扣除折旧后，就是需实际支出的费用。

固定制造费用，需要逐项按每季度实际需要的支付额预计，然后计算出全年数。变动制造费用以生产预算为基础来编制，用单位产品的标准成本乘以产量得到。

为了便于以后编制产品成本预算，需要计算每小时的费用率。

变动制造费用分配率＝3200/6400＝0.5（元／小时）

固定制造费用分配率＝9600/6400＝1.5（元／小时）

（6）产品成本预算

产品成本预算见表9-8。变动制造费用与固定制造费用两项数据源于表9-6中的单位产品工时。

表9-8 产品成本预算

项目	成本			生产成本（640件）	期末存货（20件）	营业成本（630件）
	单位产品投入量	单位投入成本	单位产品成本			
直接材料	10 千克	5 元	50 元	32 000 元	1000 元	31 500 元
直接人工	10 小时	2 元	20 元	12 800 元	400 元	12 600 元
变动制造费用	10 小时	0.5 元／小时	5 元	3200 元	100 元	3150 元
固定制造费用	10 小时	1.5 元／小时	15 元	9600 元	300 元	9450 元
合计			90 元	57 600 元	1800 元	56 700 元

单位产品成本数据来自直接材料预算、直接人工预算和制造费用预算。

生产成本、期末存货和营业成本是由单位成本乘以相应的数量得到的。

（7）销售及管理费用预算

销售费用是为了实现销售预算所需支付的费用。销售费用和管理费用预算见表9-9。

表9-9　销售费用和管理费用预算

单位：元

项目	金额
销售费用	13 200
销售人员工资	2000
广告费	5500
包装、运输费	3000
保管费	2700
管理费用	6800
管理人员工资	4000
福利费	800
保险费	600
办公费	1400
合计	20 000
每季度支付现金（20 000/4）	5000

（8）现金预算

表9-10是实达公司的现金预算表，负数以括号形式填列。

表9-10　实达公司2023年现金预算表

单位：元

项目	第一季度	第二季度	第三季度	第四季度	全年
期初现金余额	8000	8200	6060	6290	8000
加：销货现金收入	18 200	26 000	36 000	37 600	117 800
可供使用的现金	26 200	34 200	42 060	43 890	125 800
减：各项支出	18 000	39 140	24 220	32 450	113 810
直接材料	5000	6740	8960	9510	30 210
直接人工	2100	3100	3960	3640	12 800
制造费用	1900	2300	2300	2300	8800
销售及管理费用	5000	5000	5000	5000	20 000
所得税	4000	4000	4000	4000	16 000
购买设备		10 000			10 000
支付股利		8000		8000	16 000
现金多余或不足	8200	（4940）	17 840	11 440	11 990
向银行借款		11 000			11 000

续　表

项目	第一季度	第二季度	第三季度	第四季度	全年
还银行借款			11 000		11 000
借款利息（年利10%）			550		550
合计			11 550		11 550
期末现金余额	8200	6060	6290	11 440	11 440

现金多余或不足，是现金收入与现金支出的差额：差额为正，说明收大于支，现金有多余，可用于偿还借款或者短期投资；差额为负，说明支大于收，现金不足，要向银行借款。

本例中该企业需要保留的现金余额为6000元，不足此数要向银行借款。则第二季度的借款额为：

借款额＝最低现金余额＋现金不足额＝6000+4940=10 940 ≈ 11 000（元）

假设借款期为6个月，利息率为10%，则应计利息为：

11 000×10%×6/12=550（元）

该企业还款后，仍须保持最低现金余额，否则只能部分归还借款。

3. 预计财务报表的编制

预计财务报表是财务管理的重要工具，主要为企业财务管理服务，是控制企业资金、成本和利润总量的重要手段。预计财务报表具体包括预计的利润表、预计的资产负债表和预计的现金流量表。

以下同样以实达公司为例进行说明。

预计利润表见表9-11。

表9-11　预计利润表

单位：元

项目	金额
营业收入	126 000
营业成本	56 700
毛利润	69 300

续　表

项目	金额
销售及管理费用	20 000
利息	550
利润总额	48 750
所得税（估计）	16 000
税后利润	32 750

预计的利润表与实际的利润表内容、格式相同，只不过数字是预算期的。通过编制该表，可以了解企业的预期赢利水平。

4.预计资产负债表

预计资产负债表（见表9-12）是根据销售、生产、资本等预算的有关数据对本期期初资产负债表加以调整编制的。

编制预计资产负债表的目的在于判断预算反映的财务状况的稳定性和流动性。如果通过分析预计资产负债表，发现某些财务比率不佳，必要时可修改预算，以改善财务状况。

表9-12　预计资产负债表

单位：元

资产			负债和所有者权益		
项目	期初	期末	项目	期初	期末
现金	8000	11 440	应付账款	2350	4640
应收账款	6200	14 400	长期借款	9000	9000
直接材料	1500	2000	普通股	20 000	20 000
产成品	900	1800	未分配利润	16 250	19500
土地	15 000	1500			
房屋及设备	20 000	30 000			
累计折旧	4000	8000			
资产总额	47 600	53 140	所有者权益总额	47 600	66 640

（三）财务报表分析

财务报表分析是指以财务报表和其他资料为依据和起点，采用专门方法，系统分析和评价企业的过去和现在的经营成果、财务状况及其变动，目的是了解过去、评价现在及预测未来，帮助利益关系集团改善决策。

1.财务报告与财务报表

财务报告，是综合反映企业一定时期财务状况、财务成果和财务状况变动情况的总结性书面文件。它是由财务报表、附表与附注及其他财务报告书组成的。

企业的财务报表包括资产负债表、利润表和现金流量表。

（1）资产负债表。它是反映企业在一定日期全部资产、负债和所有者权益的静态会计报表，又称财务状况表。其结构是以"资产＝负债＋所有者权益"这一会计恒等式为基础的。

（2）利润表。它又称损益表或收益表，是反映企业在一定时期内生产经营实现的财务成果的动态会计报表。

（3）现金流量表。它是以"现金"为基础编制的财务状况变动表。以"营运资金"为基础编制的资金报表，过去人们将其命名为财务状况变动表，今天的现金流量表是在过去的财务状况变动表的基础上发展形成的。

2.财务报表分析方法

财务报表的分析方法，有比较分析法和因素分析法两种。

（1）比较分析法。比较分析是对两个或几个有关的可比数据进行对比，揭示差异和矛盾。比较是分析的基本，没有比较，分析就无法开始。

比较分析的具体方法分为：按比较对象（和谁比）分类、按比较内容（比什么）分类。

（2）因素分析法。因素分析是依据分析指标和影响因素的关系，从数量上确定各因素对指标的影响程度。

因素分析的具体方法分为：差额分析法、指标分解法、连环替代法及定基替代法。

在实际的分析中，各种方法是结合使用的。

3. 偿债能力分析指标

（1）短期偿债能力分析

1）营运资金

营运资金 = 流动资产 − 流动负债

2）流动比率

流动比率 = 流动资产 / 流动负债

3）速动比率

速动比率 = 速动资产 / 流动负债

速动资产：可以迅速转换成为现金或已属于现金形式的资产，计算方法为流动资产减去变现能力较差且不稳定的存货、预付款项、一年内到期的非流动资产和其他流动资产等之后的余额。

非速动资产：那些不准备迅速变现或不能迅速变现的资产、费用、损失等流动资产。

4）流动资产周转比率

流动资产周转比率包括：应收账款周转率、存货周转率和营业周期。

应收账款周转次数 = 营业收入 / 应收账款

应收账款周转天数 =365 天 / 应收账款周转次数

存货周转次数 = 营业收入 / 存货

存货周转天数 =365 天 / 存货周转次数

（2）长期偿债能力

1）负债比率

负债比率，又称资产负债率。

负债比率 = 负债总额 / 资产总额 ×100%

2）利息保障倍数

利息保障倍数，又称已获利息倍数。

利息保障倍数 =（净利润 + 所得税 + 利息费用）/ 利息费用 = 息税前利润 / 利息费用

4. 获利能力分析指标

（1）净利率

净利率 = 净利润 / 营业收入 × 100%

（2）毛利率

毛利率 = 毛利润 / 营业收入 × 100%

毛利润 = 营业收入 − 营业成本

（3）总资产周转率

总资产周转率 = 营业收入 / 资产总额

5. 现金流量分析指标

（1）现金比率

现金比率 = 现金及其等价物 / 流动负债

（2）经营活动现金流量比率

经营活动现金流量比率 = 经营活动现金净流量 / 流动负债

（3）经营活动现金流量与负债比率

经营活动现金流量与负债比率 = 经营活动现金净流量 / 负债总额

6.商业银行信贷决策中常用的财务比率

商业银行信贷决策中常用的财务比率见表9-13。

表9-13　商业银行信贷决策中常用的财务比率

比率	重要性程度	衡量的主要方面
债务权益比率	8.71	长期安全性
流动比率	8.25	流动性
现金流量／本期到期长期债务	8.08	长期安全性
固定费用偿付率	7.58	长期安全性
税后净利润率	7.56	获利能力
利息保障倍数	7.50	长期安全性
税前净利润率	7.43	获利能力
财务杠杆系数	7.33	长期安全性
存货周转天数	7.25	流动性
应收账款周转天数	7.08	流动性

注：1.重要性等级最高为9分，最低为0分；

　　2.上述10个比率，是被商业银行信贷管理人员认为数十个财务比率中最重要的
　　10个。

二、创业企业的财务与资产管理

（一）流动资产管理

流动资产是企业在生产经营过程中短期置存的资产，是企业资产的主要组成部分，是指可以在一年内或超过一年的一个营业周期内变现或者运用的资产。

1.现金管理

（1）现金管理。货币资金的结算，有现金结算和转账结算有两种形式。采用现金结算，要遵守国家规定的现金管理原则。现金管理原则是：会计、出纳分开；建立现金交接手续，坚持施行查库制度；遵守规定的现金使用范围；遵守库存现金限额；严格现金存取手续，不得坐支现金；企业不得将单位收入的现金，以个人名义存入储蓄户。

（2）货币资金控制。要使货币资金收入和支出在数量上和时间上相适

应，保持平衡，就必须进行预测，确定货币资金的最佳持有量，从而全面安排和调度。要实行有计划的管理，就要编制好货币资金收支计划，贯彻货币资金收支管理责任制。

2. 应收账款管理

应收账款是企业因对外赊销产品、材料、供应劳务等而应向购货或接受劳务单位收取的款项，是企业流动资产的主要组成部分。

（1）应收账款分析

首先，核定应收账款成本。应收账款成本主要由以下三方面构成。

1）机会成本。指企业由于将资金投放于应收账款而放弃的投资于其他方面的收益。

2）管理成本。包括对顾客的信用状况进行调查所需的费用等。

3）坏账成本。指由于应收账款不能及时收回，发生坏账，而给企业造成的损失。

其次，编制账龄分析表。如果平均收款期开始延长或账龄分析表开始显示过期账户所占百分比逐渐增加，那么就必须采取相应措施，改善信用状况。

（2）应收账款的日常管理

企业应收账款的日常管理，一般包括以下内容。

1）对客户的信用进行调查，调查的方法有直接法和间接法。企业应掌握信用资料的来源。

2）对客户的信用进行评估。评估的主要方法有两个，即五 C 评估法和信用评分法。

五 C 评估法是西方传统的信用评估方法，具体是指品质（calibre）、能力（capability）、资本（capital）、抵押（callateral）和经销商经济环境（circumstance）五个方面的因素。

信用评分法。这种方法的程序是，先对客户的一系列财务比率和信用情况进行评分，并事先确定对各种财务比率和信用情况要素进行加权平均，继而得出客户综合的信用分数，并以此进行信用评估。

3）企业总有一部分应收账款由于种种原因不能及时收回，这就要求企业确定合理的催收程序和催收方法。

3. 存货管理

存货是指企业在生产经营过程中为销售或者耗用而储备的物资，包括原材料、燃料、包装物、低值易耗品、修理用备件、在产品、自制半成品、产成品及外购商品等。存货日常管理是流动资金管理的一个重要环节，搞好存货管理对于改善企业生产经营活动，提高流动资金利用效率，具有重要的作用。

（1）存货分口分级管理。要在财务部门集中管理的前提下，实行存货分口分级管理。要做到管钱的人参加管物，依靠管物的人管钱，把管物和管钱结合起来。

（2）生产储备资金管理。要管好用好生产储备资金，主要应做好五方面的工作：制订采购计划，搞好供需平衡；加强到货验收，做好资金结算工作；正确编制用料计划，控制材料耗用；加强库存材料管理，监督材料合理储存；做好材料清查工作，挖掘资金潜力。

（二）固定资产管理

固定资产是指使用年限超过一年，单位价值在规定标准以上，并且在使用过程中保持原有物质形态的资产，包括房屋及建筑物、机器设备、运输设备及工具器具等。

固定资产管理包括：保护固定资产完整无缺；提高固定资产的完好程度和利用效率；正确核定固定资产需求量；正确计算固定资产折旧额，有计划地计提固定资产折旧；进行固定资产投资的预测。

固定资产因损耗而转移到产品上去的那部分价值，叫固定资产折旧。固定资产折旧的计算方法有以下几种。

1. 平均年限法。它是根据固定资产的原始价值，按照其使用年限平均计算的。它是我国目前广泛采用的一种方法。

固定资产年折旧额 =（原始价值 + 清理费用 − 残余价值）/ 使用年限

2. 工作量法。如按照行驶里程计算固定资产折旧额。计算公式如下：

每行驶里程折旧额 =（原始价值 + 清理费用 − 残余价值）/ 预计总行驶里程

此外，双倍余额递减法、年数总和法也经常用于固定资产折旧，它们属于加速折旧法。

（三）资本预算管理

1. 资本预算的过程

资本预算指规划企业用于固定资产的资本支出，又称资本支出预算。它是企业选择长期资本资产投资的过程。

资本预算的过程包括下述三个步骤。

（1）创意的产生（项目的提出）；

（2）项目的评价；

（3）决定方案的取舍。

2. 现金流量的构成

资本项目的现金流量，一般由以下三个部分构成。

（1）初始现金流量。初始现金流量指开始投资时发生的现金流量，这部分现金流量一般是现金流出量。

（2）营业现金流量。营业现金流量是指投资项目投入使用后，在其寿命期内，由于生产经营所带来的现金流入和流出的数量。

（3）终结现金流量。终结现金流量是指资本项目完结时发生的现金流量，主要包括固定资产的产值收入或变现收入、原来垫支在各种流动资产上的资金的收回、停止使用的土地的变价收入等。

3. 资本预算的非折现现金流量法

非折现现金流量指标是指不考虑货币时间价值的各种指标。这类指标主要有如下两个。

（1）投资回收期。投资回收期是指回收初始投资所需要的时间，一般以年为单位，是一种使用很广泛的投资决策指标。

当每年的净现金流量（NCF）相等时，投资回收期可按下列公式计算：

$$投资回收期 = \frac{原始投资额}{每年净现金流量}$$

（2）平均报酬率（ARR）。平均报酬率是投资项目寿命周期内平均的年投资报酬率，也称平均投资报酬率。平均报酬率有多种计算方法，最常见的计算公式为：

$$平均报酬率 = 年平均现金流量 / 初始投资额 \times 100\%$$

投资回收期和平均报酬率的概念容易理解，计算也比较简便，但这两个指标的缺点是没有考虑货币的时间价值，所以据此有时会做出错误的决策。

4. 资本预算的折现现金流量法

折现现金流量指标是指考虑了资金时间价值的指标。这类指标主要有三个，即净现值（NPV）、内部报酬率（IRR）、净现值率（PI）。由于后两个指标计算起来比较复杂，且在一般情况下，三者的结论类似，因而，净现值使用得最为普遍。

（1）净现值的概念

投资项目投入使用后的现金净流量，按资本成本或企业要求达到的报酬率折算为现值，减去初始投资以后的余额，叫净现值。

（2）利用净现值的决策原则

在只有一个备选方案供采纳与否决的决策中，净现值为正者则采纳，净现值为负者不采纳。在有多个备选方案的互斥选择决策中，应选用正净现值中的最大者。

净现值法的优点是，考虑了资金的时间价值，能够反映各种投资方案的净收益，因而是一种较好的方法；缺点是不能揭示各个投资方案本身可能达到的实际报酬率是多少。

例：假设某投资项目初始投资额为 10 000 元，项目使用周期为 5 年，投资要求的收益率为 10%，项目在投资后的 10 年内，每年可产生净现金流量 3200 元，则该项目的净现值为：

净现值＝未来报酬总现值－初始投资额＝NCF×（P/A，r，n）－C＝3200×3.791－10 000＝2131（元）[①]

可见，该投资项目的净现值大于 0 元，是可取的。

（四）营业收入与利润管理

1. 营业收入管理

销售表现为商品转化为货币的过程，及时取得营业收入，是补偿资金耗费、持续生产经营的基本前提；是加速资金周转、提高资金利用效率的重要环节；是及时实现利润、分配利润的必要条件。

（1）营业收入的预测。营业收入的预测是企业根据过去的销售情况，结合对市场未来需求的调查，对预测期产品营业收入所进行的预计和测算，用以指导企业做出经营决策和进行产销活动。通过营业收入的预测可以增强计划性，减少盲目性，从而取得较好的经济效益。营业收入预测的方法主要有时间序列法、因果分析法及本量利分析法等。

（2）营业收入计划的编制，重点是确定计划期产品销售量，主要有以下两种情况。

---

① （P/A，r，n）为年金现值系数，其中：P/A 指年金现值，它表示一笔未来的付款以一定的利率折算为现值；r 为收益率；n 为期数。在本例中，$(P/A，r，n)=\frac{1-(1+r)^{-n}}{r}=3.791$。

一是根据预测需求量，结合企业的现实生产能力，确定计划期产品销售量。若需求大于生产能力，则以生产量作为计划销售量；若需求小于生产能力，则以预测需求量作为计划销售量。

二是以供需双方签订合同规定的供货量，作为计划期产品销售量。

（3）营业收入的日常管理。包括：认真执行销售合同，监督商品计划的编制和执行；及时办理结算，尽快取得销售货款；搞好售后服务，掌握市场反馈的信息。

2. 利润的预测和计划

企业的利润包括三部分：营业利润、投资收益净额和营业外收支净额。

（1）利润预测

利润预测的方法常用的有本量利分析法、相关比率法与因素测算法等三种。

（2）利润计划

利润计划分为营业利润计划、投资收益净额计划与营业外收支计划三部分。

利润计划的组织实施要以企业生产、销售及成本等计划的实现为基础。

（3）利润分配的顺序

1）所得税缴纳。企业实现利润首先应按国家规定做相应的调整，计算应纳税所得额，并据以计算应缴纳的所得税税额。

2）经营亏损的弥补。企业发生的年度亏损，可以用下一年度的利润弥补；下一年度利润不足弥补的，可以在5年内用所得税前利润延续弥补；延续5年未弥补的亏损，用缴纳所得税后的利润弥补。

3）公积金的提取。按照公司章程规定的比例从税后利润中提取盈余公积。

4）向投资者分配利润。企业利润在缴纳所得税、弥补经营亏损、提取公积金以后，所剩利润应在投资者之间进行分配。企业以前年度未分配的利润，可以并入本年度向投资者分配。

第二节　财务管理存在的问题及对策

一、财务管理存在的问题

（一）财务管理基础知识欠缺

绿领创客之所以选择创业，有的是出于经济原因，有的是因为一种情怀，也有的是为了实现人生目标。不论目的如何，绿领创客都有一定能力，能发现社会的一些新兴需求，但这些绿领创客并不一定懂财务知识。他们能提供创意，能为创业企业提供技术支撑，可是企业创办之后不仅仅只是发展业务、提供服务或销售产品，财务管理也是维持企业正常运作的一项必不可少的管理活动或管理工作，而财务管理知识的缺乏往往是绿领创客在创业企业正常经营和运作过程中的致命伤。

（二）财务管理意识薄弱

成立之初，由于规模小、业务量少、企业员工不多，创业企业很难建立一个完善的财务管理系统，绿领创客通常简单地将财务工作视为一种记账的手段，对财务管理的一系列工作也没建立科学的管理理念，不能很好地分析和利用财务信息。例如，在筹资成本预算、投资风险评估、商品赊销等方面存在的不科学的做法，导致筹资成本高、投资风险大、赊销坏账多，阻碍创业企业发展。

（三）财务基础工作不规范

缺乏财务人员或财务人员素质不高是初创企业普遍存在的现象。在创业之初，由于资金有限，创业企业有的不设专门的财务人员，有的寻求亲友帮助，有的财务人员一人身兼数职，甚至许多财务岗位都由绿领创客自己兼任。因此，在一般情况下，创业企业的财务人员没有完整、系统的财务管理理论知识，这就会造成财务工作的遗漏、错误，产生财务风险。

另外，创业企业的财务基础工作缺乏规范的基本程序。原始凭证缺失、记账凭证填制不规范、凭证的传递与保管工作缺位、财务报表不完善或是根本没有财务报表等都是创业企业财务工作缺乏规范的基本程序的表现。没有一套详细的财务工作标准、制度，绿领创客创业企业的财务人员往往难以有序地进行工作，财务信息也难以有效地反映企业财务状况，最终会导致企业财务工作混乱，引发财务风险。

（四）融资能力弱

启动资金少、融资能力弱是制约绿领创客创业企业发展的重要因素。

1. 缺乏广泛的社会联系

创业企业成立之初，绿领创客的社会关系网比较简单，融资渠道少，因此融资能力弱。后期应建立广泛的社会联系，拓展关系网，并尽可能多地参与各渠道相关创业活动，以便获得更多的融资信息。

2. 缺乏对政策的了解

很多绿领创客对国家出台的一系列金融扶持政策，包括贷款利率优惠、贷款额度增加、风险补偿、担保费用减免等并不了解，更不用说创业担保贷款、农村信用社贷款等专门针对农村创业者的贷款产品。

3. 银行贷款条件的限制

银行贷款是有一定限制的，对于绿领创客来说，财务管理不规范导致创业企业难以提供有效、可靠的财务信息，因此金融机构不能及时了解其财务状况，这无疑会增加贷款难度。另外，绿领创客的创业企业的贷款多为小额贷款，而银行对小额贷款的审核较为严格。

4. 未雨绸缪的意识不够

企业融资是需要一定时间的，而缺乏资金运用管理意识和能力的绿领创客往往在急需资金时才会想起去筹集资金，但是银行的融资审批是需要一定时间的。以小额贷款为例，从申请递交到取得贷款，融资时间最短也要两个多月，如果是外资银行，融资时间甚至达半年之久。因此，不懂得未雨绸缪会造成创业企业资金周转困难，从而影响创业企业的发展。

（五）投资缺乏科学性

筹集资金之后，如何保证资金运营的科学性与投资的合理性是绿领创客面临的又一大问题。投资缺乏科学性会导致投资项目难以获得预期收益，而投资无法收回，则会影响到创业企业的正常运营。

二、创业企业财务管理的对策

（一）加强对财务基础知识的学习

绿领创客不能盲目凭着自己的理想进行创业，对待财务管理必须要有明确的认识，并知道如何进行财务管理。加强对财务基础知识的学习是十分重要的。只有了解了企业运作过程中的筹资、投资、营运及利润分配等内容，才能正确处理创业企业的财务关系，并进行有效的财务管理工作。

目前，各级政府和地方高校都为创业者开设了免费专题培训，如"农创客"培训班、乡村振兴培训学院、"绿领人才"培训班等，有意向的绿领创客可以在培训班中学习财务管理知识。

（二）树立财务管理意识

绿领创客必须要树立财务管理意识，重视财务管理问题，认真对待并建立完善的财务管理制度。此外，绿领创客不仅需要自己提高财务管理意识，更应该将财务管理意识融入每一个员工的意识当中。组织员工学习财务知识、定期召开财务会议等方式都能有效促进创业企业员工财务管理意识的确立。学习借鉴其他类似的中小企业的财务管理制度，例如资金管理、成本核算、营业收入管理的相关制度，之后再依据自身情况对其加以修改，从而建立、完善财务管理制度。

（三）规范财务基础工作

对于创业企业而言，没有规范化的财务基础工作，财务管理也只能是空谈。原始凭证的收集保管、记账凭证的审核编制、财务报表的编报审核等工作都是财务基础工作的重中之重。加强对财务基础工作的重视是绿领创客做好财务管理的基础。尽量避免财务人员一人身兼数职，聘请专业的财务人员，在规范财务管理基础工作的同时，建立监督审核制度，明确责任与分工，避免责任混淆不清。

（四）广泛利用政策

对于绿领创客，国家和地区都出台了一系列优惠政策，这些优惠政策是绿领创客创办企业所必须掌握的。这些优惠政策有助于绿领创客筹集资金和发展企业。此外，融资的多元化也可以解决绿领创客创业企业资金紧张的问题。

（五）建立投资风险机制

理性投资可以减少投资风险，确保投资收益，促进绿领创客创业企业的发展。合理投资需要做到以下几点。

1. 树立投资风险意识，明确投资风险。绿领创客应该将对投资风险的管理上升到一定高度，真正地重视投资风险，定期开展培训与自我培训，将风险意识融入全体员工的意识中。建立投资风险评估机制可以有效防范风险的产生，在投资项目实施前充分了解投资项目，明确投资收益，避免盲目投资、跟风投资。

2. 建立投资风险应对机制。投资风险不能完全避免，因此，如何将风险降低到可以接受的范围内也是绿领创客所必须掌握的技能。企业应该建立一个总体的投资风险应对机制，并在不同投资项目实施前制定相应的、明确的风险应对措施，以明确投资风险发生后的对策，避免因风险产生而混乱。

3. 拓宽信息获取渠道。信息获取的准确性、有效性和及时性是绿领创客创业企业合理投资的关键因素。目前，绿领创客创业后获取信息的渠道众多，关注国家实时的经济政策，加强与其他企业的合作，加强与行业内部的交流，关注国际经济动向等都有助于绿领创客创业企业获取信息。

4. 建立投资风险监督机制，投资风险可能源自外部，也可能是由内部问题导致，建立投资风险监督机制，将投资绩效与权责挂钩，明确奖惩制度，以避免盲目投资和不理性投资。

　　总之，财务管理是管理的重中之重。在创业初期，绿领创客做好了财务管理这项工作，将为企业的发展壮大奠定良好的基础。绿领创客应重视财务管理工作，并持续地改进这项工作，从而使财务管理为企业创造效益。

第十章

创业风险需防范

在市场经济中，收益总是与风险相伴相生。机会越大，回报越高，风险也越大。因此，如何判断风险、规避风险，继而驾驭风险、管理风险，在风险中寻求机会创造收益，对于绿领创客来说意义深远而重大。创业想要成功，需要多方面因素的共同配合，规避风险便是其中重要的一环。只有稳扎稳打，尽可能地准备好所有风险的应对措施，才可能兵来将挡，胜券在握。

第一节　认识风险

一、创业风险的含义

（一）风险

对于风险的理解，一般有两个角度：一个角度强调风险表现为结果的不确定性；另一个角度则强调风险带来损失的可能性。前者属于广义上的风险，说明未来利润多寡的不确定性，可能是获利（正利润）、损失（负利润）或者无损失也无获利（零利润）；后者属于狭义上的风险，只能表现为损失，没有获利的可能性。无论如何定义风险一词，其基本的核心含义都是"未来结果的不确定性或损失"。如果采取适当的措施，或者说基于智慧的认知、理性的判断，继而采取及时而有效的防范措施，那么，不确定性可能会被降到最低。

（二）创业风险

创业风险是风险的一种，也是绿领创客在创业过程中无法回避的因素。

创业风险是指企业在创业过程中存在的各种风险。由创业环境的不确定性，创业机会与创业企业的复杂性，创业者、创业团队与创业投资者的能力和实力的有限性，导致的创业活动结果的不确定性，就是创业风险。

二、创业风险的类型

创业风险，从不同角度，有不同的划分方法。

（一）按创业风险的来源划分

1. 主观创业风险，是指在创业阶段，由创业者的身体和心理素质等主观方面的因素导致创业失败的可能性。主观创业风险包括意识风险、财务风险、技术风险、管理风险，这些风险与创业者本身的素质和能力息息相关。

2. 客观创业风险，是指在创业期间，由创业者自身因素以外的客观因素导致的创业失败的可能性，如宏观经济的变化、法规政策的变化、市场的变动、竞争对手的出现等。

（二）按创业风险的内容划分

1. 技术风险，是指由技术方面的因素及变化导致的风险。

2. 市场风险，是指由市场情况的不确定性导致的风险。

3. 政治风险，是指由战争、国际关系变化或有关国家政权更迭、政策改变导致的风险。

4. 管理风险，是指因创业企业管理不善而产生的风险。

5. 生产风险，是指创业企业提供的产品或服务从小批试制到大批生产过程中面临的风险。

6. 经济风险，是指由宏观经济环境发生大幅度波动或调整而导致的风险。

（三）按创业过程划分

1. 机会的识别与风险的评估。在机会的识别与风险的评估过程中，各种主客观因素，如信息获取量不足、把握不准确或推理偏误等，使创业一开始就面临方向错误的风险。另外，由于创业而放弃了原有的职业所面临的机会成本，也是该阶段的风险之一。

2. 准备与撰写创业计划书风险。在创业计划书的制订过程中，各种不确定性因素与制订者自身能力的限制，给创业活动带来了风险。

3.确定并获取资源风险。因为存在资源缺口，无法获得所需的关键资源，或即使可获得，获得的成本也较高，所以给创业活动带来了一定风险。

4.新创企业管理风险。主要包括管理方式的选取、企业文化的创建、发展战略的制定，以及财务、技术及营销等各方面的管理工作中存在的风险。

（四）按创业与市场和技术的关系划分

1.改良型风险，是指利用现有的市场、技术进行创业所存在的风险。这种创业风险最低，但经济回报有限。

2.杠杆型风险，是指利用新的市场、现有的技术进行创业所存在的风险。该风险稍高，常见于挖掘未开辟的市场时。

3.跨越型风险，是指利用现有市场、新的技术进行创业所存在的风险。该风险主要体现在创新技术的应用方面，往往反映了技术的替代。这是一种较常见的情况，领先者可获得一定的竞争优势，但模仿者很快就会跟上。

4.激进型风险，是指利用新的市场、新的技术进行创业所存在的风险。该风险最大，如果市场很大，就可能会带来巨大的机会。对于第一个行动者而言，其优势在于竞争风险较低，但是知识产权保护力度很弱，市场需求不确定，确定产品性能有很大的风险。

（五）按创业中技术因素、市场因素与管理因素的关系划分

创业风险亦可分为技术风险、市场风险和代理风险。技术风险和市场风险如前所述，而代理风险是指高级经营管理人才、组织结构及生产管理等能否适应创业企业的快速增长或战胜创业企业危机的动态的不确定性的风险。

这三类风险之间相互作用，使得创业企业运作的各个层面上的诸多因素的不确定性更强，并且在创业企业不同的发展阶段，各因素的风险性质也将产生一定的变化。

三、常见的创业风险

绿领创客要认真分析创业过程中可能会遇到哪些风险，这些风险中哪些是可以控制的，哪些是不可控制的，哪些是需要极力避免的。

（一）项目选择风险

绿领创客创业时如果缺乏前期市场调研和论证，只是凭借自己的兴趣和理想来决定投资方向，就一定会碰得头破血流。

因此，绿领创客在初创期，一定要做好市场调研，在了解市场的基础上创业。如果资金实力较弱，就可以选择启动资金不多、人手配备要求不高的项目，从小本经营做起。

（二）缺乏创业技能

很多绿领创客眼高手低，只有当创业计划转变为实际操作时，才发现自己根本不具备解决问题的能力，这样的创业无疑是纸上谈兵。一方面，绿领创客应积累相关管理和营销经验；另一方面，应积极参加创业培训，积累创业知识，接受专业指导，提高创业成功率。

（三）资金风险

资金风险在创业初期会一直伴随在绿领创客左右，是否有足够的资金创办企业是绿领创客遇到的一个重要问题。在企业创办起来以后，绿领创客就必须考虑如何维持其日常运作。对于初创者来说，如果连续几个月入不敷出，或者出于其他原因，企业的现金流中断，都会给企业带来极大的威胁。相当多的小企业在初创期因资金紧缺而严重影响业务拓展，错失商机，最终不得不关门大吉。

第二节　创业风险的识别与防范

一、创业风险的识别

　　既然创业风险是在创业过程中不可避免，那么直面风险并化解之，就是创业过程中的重要任务。要化解风险，首先要在风险出现或出现之前，就予以识别，这就要求绿领创客有效把握各种风险信号及其产生的原因。

　　所谓创业风险识别，是指创业者依据企业活动，对创业企业面临的现实及潜在风险，运用各种方法加以判断、归类并鉴定风险性质的过程。风险识别是管理一切风险的基础。绿领创客如不能正确、全面地认识企业可能面临的潜在损失，就难以选择最佳处理方法化解风险。因此，风险管理的第一步就是要正确、全面地认识可能面临的各种潜在损失识别风险。

（一）树立风险识别的基本理念

　　作为创业者，应该树立识别企业风险的基本理念，具备以下意识。

　　1.有备无患的意识。创业风险的出现是正常的，带来一些损失也是正常的，创业者既不能怨天尤人，也不能骄兵轻敌。关键的问题是要密切监视风险，化解不利，减少损失，甚至将其转化为赢利的机会。

　　2.识别风险的能力。发现和识别风险，是为了防范和控制风险。如果绿领创客在企业未发生损失之前就能够识别风险发生的可能性，那么这个风险就是可控的。因此，风险识别是进行风险管理的基点。

　　3.未雨绸缪的观念。绿领创客需要通过创业活动的迹象、信息归类，认知创业风险产生的原因和条件，未雨绸缪地采取应对措施。

　　4.持之以恒的思想。由于创业风险伴随着整个创业过程，同时风险具有可变性和相关性的特点，所以绿领创客必须要做好"打持久战"的准备。风险的识别工作应该是连续的、系统的，并成为企业一项持续性、制度化的工作。

　　5.实事求是的精神。虽然风险识别是一个主观过程，但是必须遵循客观规律。风险识别是一项复杂而细致的工作，要按特定的程序、步骤，选用适当的方法，逐层地分析各种现象，并实事求是地做出评估。

（二）掌握风险识别的基本途径

创业风险的识别重点应是风险的来源，即自然因素和人为因素两大方面。

1. 自然因素。自然因素与绿领创客创业时的选址有着密切关系。例如，一些乡村振兴、涉农扶贫的项目，必须注意影响原材料供应的矿产、能源、农产品及交通等问题。

2. 人为因素。主要应了解一个地区的历史文化、民情民俗，了解行业的发展方向及企业周边的营运环境等。

（三）了解识别风险的方法和步骤

在风险识别之后，就必须进行风险评估，这需要绿领创客具备一定的专业知识，必须根据不同性质与条件，按照一定的途径，运用一定的方法或者借助一定的工具来实施。

1. 基本方法

一般而言，风险识别的方法包括：信息源调查法、数据对照法、资产损失分析法、环境扫描法、风险树分析法、情景分析法及风险清单法。

更专业点，绿领创客也可以自行设计识别的方法，比如专家调查法、流程图分析法、财务报表分析法及 SWOT 分析法等。

2. 实施步骤

（1）信息收集。首先，通过调查、问询及现场考察等途径获得信息；其次，需要敏锐观察和科学分析，从而对各类数据及现象进行处理。

（2）风险识别。根据对信息的分析结果，确定风险或潜在风险的范围。

（3）重点评估。根据量化结果，运用定量分析、定性分析、假设和模拟等方法，进行风险影响评估，预计可能发生的后果，提出方案。

（4）制订计划。提出处理风险的方法和行动方案。

3. 实施中要注意的问题

（1）信息收集要全面。收集信息可以通过两个途径进行：一是内部积累，将信息收集工作交由专人负责；二是借助外部专业机构的力量。从后者处，创业企业可获得足够多的信息资料，有助于较全面、较好地识别面临的潜在风险。

（2）因素罗列要全面。根据企业在运营过程中可能遇到的风险，逐步找出一级风险因素，然后再进行细化，延伸到二级风险因素，再延伸到三级风险因素。例如，管理风险属于一级风险因素，管理者素质属于二级风险因素。

（3）最终要进行综合分析。既要进行定性分析，也要进行定量分析。

二、创业风险管理的基本方法

对付风险的主要方法有六种，具体包括：减少可避免的风险、确立损失管理计划、分散风险、通过非保险方式转移风险、自担风险、通过保险方式转移风险。

（一）减少可避免的风险

当创业企业发现从事某一项活动会涉及过高的风险时，可决定降低活动频率、减少活动成本或放弃这项活动，以便降低甚至完全避免风险。例如，不在易发洪水区域建造工厂，不在人口稠密的地区建造化工厂。

避免风险有两种方式：一种是完全拒绝承担风险；另一种是放弃原先承担的风险。然而，上述第一种方法的适用性很有限。首先，完全拒绝承担风险会使企业丧失从风险中可以取得的收益。其次，拒绝承担风险的方法有时并不可行。例如，完全拒绝承担风险的唯一办法是取消责任。最后，避免某一种风险可能会引发另一种风险。例如，为了加快物流运输速度，有些绿领创客以航空运输代替铁路运输，但增加了成本。

（二）确立损失管理计划

损失管理计划分为防损计划和减损计划。

1.防损计划，旨在减少损失发生概率，或消除损失发生的可能性。例如建造防火建筑物、进行质量管理、考核驾驶技术、颁布安全条例、提供劳动保护用品、检查通风设备及产品设计改进等办法，都是能够降低损失概率的措施。

2.减损计划，是设法控制和减轻损失程度的计划。具体包括轮换使用机器设备、限制车速、安装自动喷水灭火系统和防盗警报系统、对工伤者及早进行治疗、建立内部会计监督及限制保险柜内的现金数量等。

（三）分散风险

人们日常所说的"不要把鸡蛋都放进同一个篮子"，讲的就是风险分散的原理。分散风险是通过增加风险单位的个数，减少风险损失的波动。这样，企业一方面可以比较准确地预测风险损失；另一方面，可以减少预防风险损失所需预备的资金。风险的分散又可分为隔离与兼容两种方法。

1.风险隔离，是将现在的资产或活动，分散在不同的地方，万一某处发生损失，不致影响其他地方各项业务的正常进行。例如：将存货分别储存在不同的地点；将原料分由几家供应商供应；分散投资项目组合；等等。

2.风险兼容，是通过增加新的风险单位，达到分散风险的目的。例如，准备一套备用机器，随时替代损坏的机器，保证生产顺利进行。

（四）通过非保险方式转移风险

在风险管理中，使用较为普遍的转移风险的非保险方式有合同、租赁和转移责任条款。例如，一家公司可以在与某建筑承包商签订新建厂房的合同中规定，建筑承包商对完工前厂房的任何损失负赔偿责任。再如，计算机的租赁合同可以规定租赁公司对计算机的维修、保养及损坏负责。又如，一个出版商在出版合同中可加入转移责任条款，规定作者对剽窃行为自负法律责任。

（五）自担风险

自担风险是指企业使用自有资金或借入资金补偿灾害事故损失。自担风险分为被动的和主动的，即无意识、无计划和有意识、有计划两种。如果绿领创客没有觉察到所面临的风险，或者觉察到风险的存在，但没有做出应对风险的决策时，这样的自担风险是被动的。如果绿领创客觉察到风险存在，并相应地采取了对付风险的办法时，这种自担风险是主动的。

（六）通过保险方式转移风险

保险是一种转移风险的办法，它把风险转移给保险公司。保险也是一种分摊风险和意外损失的方法，一旦发生意外损失，保险公司将赔付被保险人的损失，减轻被保险人的负担。对于创业企业来说，投保是其对企业各类纯粹风险进行管理的最为有效的手段。

三、创业各阶段的风险

风险贯穿于整个创业过程，各个阶段的创业风险既有共同的特征，也有自身独有的特征。创业风险在各个阶段的表现形式也各不相同，所以应对和化解风险的方法和手段也不尽相同。

（一）创业前期的主要风险与防范

创业前期是指从打算创业到创业初期的这个阶段。万事开头难，对于绿领创客来说，假如低估创业风险，就可能使创业计划和事业夭折在摇篮当中。

1. 坐失良机

创业要善于抓住机会，只要把握住稍纵即逝的创业机会，就等于成功了一半。要创业和发展，就不能再仅仅停留在羡慕别人的财富上，必须付诸行动。临渊羡鱼，不如退而结网。如果创业机会降临却不去主动把握，机会瞬间即逝，创业者就会徒留遗憾。

在浙江金华的武义，有个叫碗铺的自然村。碗铺生态资源优越，但受制于村里常住人口较少，且缺少特色产业，其丰富的农旅资源一直难以得到有效利用，亟待盘活。2014年，在外打拼20多年的绿领创客戴俊返乡创业，他开垦山地、搭建木屋、种植果树，办起了民宿"随园"。这之后，碗铺游客数量不多，戴俊的生意一直不温不火。

2020年，金华武义和嘉兴海宁签订了浙江省首个山海协作乡村振兴示范点共建协议，每年投入10万元建设碗铺。戴俊敏锐地觉察到这是一个机遇，他立即行动，联合村委会和村集体，成立旅游开发有限公司和景区管理有限公司，整合休闲农业、生态饮食和民宿，共同打造了青蛙形象的童话村，创造出了一条可持续经营之路（见图10-1）。

图10-1 碗铺青蛙童话村和戴俊（右图左一）

"千万工程"实施以来，像碗铺这样的网红村还有很多很多，对于绿领创客来说，需要弄清楚机会在哪里和怎样去寻找。

市场机会主要包括以下几种。

（1）现有的市场机会

1）不完全竞争下的市场空隙。企业之间或者产业内部的不完全竞争状态导致市场存在各种现实需求，大企业不可能完全满足市场需求，这使中小企业必然具有市场生存空间。中小企业与大企业互补，满足市场上不同的需求。市场对产品差异化的需求是大中小企业并存的理由，细分市场使得小企业的存在更有价值。

2）规模经济下的市场空间。无论任何行业都存在企业的最佳规模或者最适度规模的问题，超越这个规模，必然带来效率低下和管理成本提升。产业不同，企业所需要的最经济、最优成本的规模也不同，大小企业最终要适应这一规律，发展适合自身的产业。

3）企业集群下的市场空缺。企业集群是一组在地理上靠近的相互联系的公司，它们同处在一个特定的产业领域，由于具有共性和互补性而联系在一起。集群内中小企业彼此间发展高效的竞争与合作关系，形成高度灵活和专业化的生产协作网络，具有极强的内生发展动力，依靠不竭的创新能力，保持地方产业的竞争优势。

（2）潜在的市场机会

潜在的创业机会来自新科技的广泛应用和人们需求的多样化等。绿领创客需要敏锐地感知社会大众需求的变化，并从中捕捉市场机会。

2. 无米之炊

创业需要资源，这是常识。创业资源包括人才、资金及市场等。

错误估计市场使很多初创企业面临巨大的风险，如果一个企业的主打产品没有足够的市场，其失败几乎是必然的。

缺少资金也会使很多创业者遭受挫折，事实上，只有企业经营到一定程度以后，才会有资金的回流。所以，绿领创客必须充分估计资金的需求量，而且一定要保有相当的资金余地，努力降低创业成本。

但是风险也意味着机会，例如，浙江是人均资源综合指数居全国倒数第三的"资源小省"，但现在却成了中国最大的"内资"输出省份。市场上流传着一句话："哪里有市场，哪里就有浙商。"也有人说："哪里有浙商，哪里就有市场。"这说明，作为创业者，不仅要善于追逐市场，而且要善于创造市场。

3. 匹夫之勇

创业如同其他经济活动一样，其本质是以最小的费用取得最大的效用。创业问题不仅涉及技术，还牵涉天时、地利、人和等诸多因素。在日趋激烈的商战中，没有智谋，难以取胜。创业不等于赌博，不是仅凭匹夫之勇就可以成功的，它更需要创业者有精明的头脑、可靠的方案、长远的眼光和可行的方法。如果没有这些，创业就只是一个玩笑和冒险。

当今社会，体制趋于成熟，消费趋于理智。那种单纯凭借着自己的一技之长，加上胆大妄为就能成为百万富商的年代已经成为过去，光有一点经济实力和一个好的项目就能在业界独占鳌头的时代也已经成为历史。

4. 自暴自弃

自暴自弃是创业的头号天敌。其实，大部分创业者在创业过程中都难免遇到大大小小的挫折，真正一帆风顺的创业者微乎其微。在失败和挫折面前，态度是积极还是消极直接决定了创业者未来的命运。向挫折和失败投降的人，永远失去了成功的可能性；而乐观的态度对一个创业者和企业来说是至关重要的，这意味着即使跌倒了，也可以重新站起来。

5. 计划不明

计划不明，意味着行动是盲目的。如果一个盲目的人成功了，只能说是歪打正着，是一种偶然的幸运，绝不能成为成功的标杆。计划是创业过程中指导性、方向性的东西，计划如果是错误的，或者是不明确的，尤其是关键的地方、关键的步骤不明确，那么失败几乎是不可避免的。机遇从来都垂青有准备的人，同样地，失败之神也很少放过那些准备不充分的人。创业的道路上充满着荆棘和艰辛，绿领创客不能光凭满腔热情和雄心壮志，还需要有明确的目标和实现这些目标的周详计划。

有些绿领创客在创业前期没有制订一份完整的、可执行的创业计划，没有进行有效的市场调查和信息收集，缺乏对能否赢利、赢利多少、何时赢利、如何赢利及所需条件等的评估，很容易眼高手低、急躁冒进。单凭热情、梦想和主观判断去创业，无异于空中建楼、水中捞月。

6. 仓促上阵

创业需要激情，更需要周全的准备。绿领创客不能仅因头脑发热就投身其中，要充分利用国家和社会提供的相关支持，不断加强知识积累，磨砺意志品质，提升能力素质，只有这样才可能创造幸福的未来。相当一部分绿领创客未能成功创业就是因为仓促上阵。在创业的时候，一定要做好充分的调研和准备。

（二）创业过程中的主要风险与防范

1. 朝三暮四

进行创业，一定要坚持不懈，绝不可朝三暮四、见异思迁。比如，是做大还是做强，这是每个创业者都会遇到的两难问题。当绿领创客刚开始经商或者创业的时候，并不一定要做大，但是一定要做强。而要做强就需要专心做一件事情，不要盲目地做一些看来似乎有发展的项目，从而分散精力，废弃主业，这样的结果往往是主业无法做强，企业再大也只是一个空壳子。

每一个企业都有强劲的对手，都面临着严峻的竞争。如果不抓住自己的主业，盲目涉足一个自己不熟悉的领域，势必分散精力、资金，不但在新的行业难有所建树，恐怕连自己的老本也都要赔光。

2. 急功近利

每一个绿领创客都想做一个成功的人、优秀的人，只不过在众多诱惑之下，往往会失去耐性。人生更像一场马拉松赛跑而不是百米冲刺，前100米的领先者不一定就能成为全程的优秀者，甚至有可能不能跑完全程。在这漫长的征途中，基础的积累将会起到决定性的作用。如果你自觉先天不足而又已然踏上征程，那就更要格外注意，随时给自己补充营养。

3. 单打独斗

俗话说："一个好汉三个帮。"在现代社会，人与人之间的联系是非常紧密的，绿领创客需要和客户打交道，和政府部门打交道，和合作伙伴打交道。一个孤家寡人是很难取得创业上的成功的。

此外，创业的时候最好有良好的合作伙伴，一个人创业实在太难了。就算一个人无所不能，他也需要同伴们来集思广益，以及在遇到挫折时互相鼓励。这些同伴就好比捆成了一捆的箭。这是一个人最强大的动力之一，而单一的创始人则缺少了这一动力。

4. 争权夺利

创业伙伴之间发生争斗的事件比较普遍。多数的争吵并不是因事而起，而是因人而起的。而大多数因为争吵而一怒离开的创始人，可能从一开始就信心不足，创始人之间的矛盾只不过被掩饰起来了。如果绿领创客能够更加谨慎地选择创业伙伴，那么大多数的争吵都可以避免。

不要掩饰疑虑，不要因为怕疏远室友就拉他入伙，也不要因为同乡有某种用得上的技能就和他一起开公司。一个初创企业，最重要的因素就是人，所以不要在这上面将就。

5. 固执己见

绿领创客要有自己的主见，但这并不意味着固执己见。世事变化无常，人的智力有限，一个人不可能做对所有事情。创业更像是从事科学研究，更应该遵循自然规律而不是主观臆断。作为创业者，一旦发现别人是对的，错的是自己，就应该认错。

（三）创业后期的主要风险与防范

一般说来，绿领创客把创业构想变成现实，并使企业开始赢利或具备赢利前景的时候，就可以说创业获得了成功。俗话说，创业容易守业难，创业成功以后，绿领创客和企业仍然面临着各种各样的风险，有的风险甚至会导致创业者功败垂成。

创业成功以后，不管绿领创客是选择让渡所有权、经营权，还是继续发展和开拓事业，保留企业的所有者和经营者的双重身份，企业都要经历一个休整期，这是不可逾越的阶段。在这个阶段，许多风险会迎面而来，如果不及时化解这些风险，企业的继续生存和发展就会受到影响。

1. 盲目冒进

盲目冒进包括盲目进行规模扩张、领域扩张、项目扩张等方面。很多绿领创客初尝甜头后，往往急于求成，想更快地收回成本、创造盈利，从而盲目扩张，造成企业不能与自身能力、市场需求相协调，这样是极其危险的，稍不注意就可能血本无归。

2. 心理失衡

有关专家对部分创业者失败的原因进行分析，发现其中的共同点之一，就是创业成功以后心理失衡。

（1）好高骛远。务实的态度是创业的基础，好大喜功、好高骛远者最后只能是"竹篮打水一场空"。

（2）本末倒置。为商先为人，如果丢失了做人之本，也就失去了发展之本。

（3）坑蒙拐骗。曾有"中国大陆首富"之称的牟其中，最终因犯外汇诈骗罪而被判无期徒刑，靠欺骗手段建起来的基业最后只能是"空中楼阁"。

（4）胆大妄为。赖昌星出道之初是搞运输的，作为一名创业者，他的生意越做越大，他的胃口和胆子也越来越大，最后他成为中国历史上最大一起走私案的直接策划者与领导者。

3. 坐享其成

有的绿领创客在创业成功以后，失去了创业初期的进取心和创新精神，骄傲自满，不思进取，没有进一步去巩固成果并开拓新领域，反而采取一些消极、拙劣的手法维持现状。这主要表现在以下几个方面。

（1）故步自封，不愿学习、接受新的东西，最终被市场、社会遗弃。

（2）照搬照抄。照搬照抄其他利润丰厚的企业的做法，但仅学到表皮，内部管理和经营理念等深层次经营要素跟不上，所以别人成功了，自己却失败了。

（3）臆断前景。根据现状想当然地进行前景预测，预测没有科学的依据。

4. 挥霍浪费

创业获得初步成功以后，绿领创客放松了，再加上管理上出现混乱，虽然企业的业务在不断增长，可到头来利润却有所下降，关键就是不注意控制成本和费用。

5. 缺乏创新

有的绿领创客急功近利，只顾追求市场和产量，管理工作流于形式，不主动要求创新，最终导致技术创新能力慢慢衰竭，核心竞争力无法形成。有的绿领创客的创新尚处于浅层次，观念陷入了"走老路稳当"的误区。

6. 管理危机

创业成功后，企业面临的主要管理问题是管理危机问题，具体表现为以下几点：

（1）创业者疲于奔命，顾此失彼；

（2）决策得不到有效执行，管理开始失控；

（3）企业利润徘徊不前；

（4）老员工缺乏继续创新的动力；

（5）新老员工出现矛盾冲突；

（6）创业者的家庭压力开始增大。

如果说，创业过程中企业是对危机进行管理，那么创业成功后企业的危机则是由管理造成的。绿领创客应该认真解决创业成功后企业的管理危机问题。

四、创业风险的防范措施

虽然创业过程中各阶段的各种风险是难以预测且不可避免的，但是通过科学的方法，绿领创客仍可以未雨绸缪，针对不同风险的特点制定不同的防范措施，降低风险的发生概率，甚至化风险为机遇。

（一）交易风险的防范

创业的过程是在市场经济的环境中完成的，市场经济的内容就是经济交易，有交易就有风险，风险必定和交易活动相伴而生，风险的大小直接决定着交易目的的实现。

为了确保企业交易的安全，在交易之前，对交易对象进行资信调查是防范风险的重要环节。绿领创客可以自行或者委托信用服务机构开展资信调查工作，以获取交易对象的真实信息，这是有效防范和控制风险的重要前提。

1. 资信调查的途径

（1）采集管理企业的政府机构披露的各类信息，政府机构包括市场监督管理部门、税务部门、劳动人事部门、质量监督检验检疫管理部门及商务、卫生、环保、海关、司法等。

（2）采集交易对象的经济和社会宣传信息，包括其在各银行等金融机构的业务信息、在新闻媒体的宣传报道和广告信息。

（3）采集交易对象的综合信息，包括其经营战略方针、组织管理机构和制度规章，产品定位、生产、创新和设备技术状况，营销技术、方法、手段和市场占有率等信息。

2. 资信调查的方法

（1）利用政府管理部门及相关社会团体、协会、组织的网站（或采取其他方式）进行信息调查与核实。

（2）利用宣传媒体的报道进行信息收集和核实。相关媒体主要有广播、电视、报纸、杂志及户外广告等。

（3）利用企业参与的市场经营活动进行信息收集与核实。此类信息来源主要有各种展示展销活动介绍及相关印刷品介绍等。

（4）与相关服务机构合作进行信息收集与核实。相关服务机构主要有金融机构、信用管理服务机构、担保机构，以及信息咨询机构等各类中介服务机构。

（5）与企业正面接触，直接进行现场资信调查。

（6）与企业非正面接触，对该企业的周围住户、地区管理者及该企业的客户进行侧面调查。

3. 资信调查实地访谈工作步骤

（1）初步收集、整理、核对被调查对象的相关资料。

（2）制订实地调查的访谈提纲，准备好各类调查报表资料。

（3）以实际经营者为重点访谈对象，妥善安排调查时间、空间。

（4）根据访谈提纲，力求全面调查需要确定的信息。

（5）通过相关渠道查证核实征信信息。

（6）全面整理分析，完成资信调查报告。

4. 资信调查报告

根据不同需要，资信调查报告有多种类型。

（1）注册报告。主要提供企业的注册及股东信息，判断企业的合法性，了解企业概况，适用于进行小额贸易和初次合作。

（2）标准报告。在注册报告的基础上，重点对股东及管理层的背景，以及企业的销售经营情况、信用记录、一年财务报表及财务比率进行分析，综合以上因素，对企业进行的信用评级。

其作用是帮助绿领创客全面了解企业的经营管理情况，分析其偿债盈利能力。

（3）深度报告。在标准报告的基础上，详细记录企业的发展历史，着重展开对企业经营管理层个人信誉的调查，强调企业生产、销售情况，提供连续三年的财务报表及财务比率分析，同时辅以不同角度的行业资料，从经营管理、经济实力、经营效益及发展前景等方面对企业进行综合评价。

其作用是帮助绿领创客全面了解企业的生产、经营及管理情况，可作为扩大业务、赢得顾客或争取银行贷款的重要参考依据，以及大型投资项目可行性分析和企业重大经营活动的决策参考。

（二）信用风险的防范

企业信用风险是指在以信用关系为纽带的交易过程中，交易一方不能履行给付承诺而给另一方造成损失的可能性。企业最大的、最长远的财富是客户，然而，企业最大的风险也来自客户。应收账款回收不力，轻则造成企业的流动资金紧张，重则造成公司大笔坏账损失，甚至经营困难。

信用风险产生的原因不外乎内外部两方面。外部原因包括：交易双方产生贸易纠纷；交易伙伴经营管理不善，无力偿还到期债务；交易对象有意占用企业资金；交易对象蓄意欺诈。

内部原因包括：所掌握的交易对象的信息不全面、不真实，对交易对象的信用状况没有准确判断，对交易对象信用状况的变化缺乏了解，财务部门与销售部门缺少有效的沟通，企业内部人员与交易对象相互勾结，没有正确地选择结算方式和结算条件，企业内部资金和项目审批不严格，对应收账款监控不严，对拖欠账款缺少有效的追讨手段，企业缺少科学的信用管理制度。

在当今买方市场的氛围下，市场竞争日益白热化，企业始终面临着这样的两难困境：一方面，必须不断扩张信用以扩大市场份额；另一方面，又必须最大限度地减少坏账以降低成本，提高利润。

信用风险防范就是通过制定信用政策，指导和协调各机构的业务活动，对客户从资信调查、付款方式选择、信用限额确定到款项回收等环节实行全面的监督和控制，以保障应收账款的安全及时回收。

1. 制定合理的信用政策

绿领创客要有效保护自身的利益，必须制定切实可行的信用政策。首先，确定适当的信用标准，谨慎选择客户；其次，制定和完善信用政策，包括制定现金折扣政策、确定信用期限与实行信用额度制度等。

2. 加强应收账款的日常管理

第一，绿领创客要在内部合理分工、明确职责；第二，要强化对赊销业务的授权和控制；第三，要建立应收账款坏账准备制度，及时进行赊销业务的账务处理；第四，要落实责任制；第五，要加强收账管理。

3. 建立信用报告制度

企业应定期召开不同层次的信用报告会议，相互沟通，以便及时掌握情况，将信用风险降至最低。

4. 实行资金融通，加速应收账款的变现

企业为尽早回笼资金，应将未到期的应收账款向银行或其他融资公司抵借或出售。

5. 开展债务重组，盘活资金

有时，客户会出现资金周转困难或陷入经营困境，致使发生财务困难。在此情况下，如果企业对客户采取立即求偿的措施，那么有可能对客户造成较大的困难，使客户永久无法摆脱债务，企业遭受坏账损失，特别是对于有长期合作关系的客户，企业的损失将更大。因此，当客户发生暂时财务困难时，双方应寻求以重组方式来清偿债务。

（三）法律风险的防范

绿领创客由于受到自身经验及知识的局限性的影响，在创业过程中容易遇到各种风险，其中法律风险是最棘手的。

目前，绿领创客创业的法律风险特点有以下三点。

1. 认知薄弱

很多绿领创客在创业之初很少会考虑，甚至不会去考虑法律风险问题。他们往往会把更多的时间和精力投入创业的管理及运营当中。对法律风险的认知不足，导致很多绿领创客在遇到法律问题时不能及时应对。

2. 盲目选择创业形式

绿领创客创业团队里的成员大都是朋友、同学或者是家人，这样的创业企业在创业初期难以形成完整的公司结构。这导致创业企业在创业初期容易忽视公司章程的重要性，也很少会有绿领创客在初期就以书面形式确定团队每个成员的权利和义务，这就为以后产生纠纷埋下隐患。

3. 欠缺专业法律知识

非法学专业的绿领创客的法律知识是比较欠缺的，一旦遇到过于专业的法律问题，靠自身的能力有时根本无法解决。不论是购买保险还是聘请法律顾问，都是规避风险的有效方式，而绿领创客往往不会考虑这一点，从而很可能导致违法而不自知的情况出现。

绿领创客在创业过程中，极易产生新的创新成果，特别是那些运用设计、机械制作等专业知识进行创业的项目。知识产权作为法律里专业性极强、复杂程度极高的一部分，围绕知识产权的纠纷处理起来会非常困难。

绿领创客往往能够意识到完成的作品属于自己，但受限于有限的专业知识，不能有效地保护自己的智力成果，更有可能在不知道的情况下侵犯了他人的知识产权。

在决定创业之前，除了了解国家的相关政策，还需要重视在创业过程中可能遇到的法律问题，绿领创客可以通过各种方法提前去学习一定的法律知识，提高法律风险意识。这样不仅有利于增强绿领创客的法律风险防范能力，提高创业成功率，还有利于培养新兴公民群体的法律素质，促进社会主义法治国家建设。